（法）魏维安·蒂鲍迪 著
严和来 译

Viviane Thibaudier

100% JUNG

百分百荣格

漓江出版社
桂林

著作权合同登记号桂图登字:20-2013-224号

图书在版编目(CIP)数据

百分百荣格/(法)魏维安·蒂鲍迪 著; 严和来 译. —桂林:漓江出版社, 2015.11
(2016.5 重印)
书名原文: 100%Jung
ISBN 978-7-5407-7430-1

Ⅰ.①百… Ⅱ.①蒂… ②严… Ⅲ.①荣格,C.G.(1875~1961)-分析心理学-研究
Ⅳ.①B84-065

中国版本图书馆CIP数据核字(2015)第009487号

出版统筹:吴晓妮
责任编辑:叶 子
装帧设计:居 居

漓江出版社有限公司出版发行
广西桂林市南环路22号 邮政编码:541002
网址:http://www.lijiangbook.com
全国新华书店经销
销售热线:021-55087201-833

山东德州新华印务有限责任公司印刷
(山东省德州市经济开发区晶华大道2306号 邮政编码:253000)
开本:880mm×1 230mm 1/32
印张:5.25 字数:94千字
2015年11月第1版 2016年5月第2次印刷
定价:28.80元

节制与癫狂，秩序与诗意，能相提并论乎？荣格曾试之。

——埃利·亨伯特

献给卡密尔、埃米莉和亚历山大

中译注：埃利·亨伯特（Élie Humbert, 1925—1990），巴黎第七大学教授，精神分析家，曾任法国分析心理学学会（SFPA）主席，1957—1960年追随荣格工作与学习。

代序

再现荣格

法国荣格派心理分析师魏维安的《百分百荣格》，如今有了中文版，由留学法国的精神分析学专家严和来执笔翻译。于是，我们就有了再度接近荣格的机会。希望这种近身的阅读，能够如作者所愿，获得百分百的荣格印象。

魏维安在其著作的“序言”中，引用了荣格传记中的一句话：“我的一生都是关于无意识的故事”。这是荣格传记的开场白。荣格接着说：“无意识中的所有都在寻求外在的表现，(我们的)人格也是如此，渴望从其无意识状态中脱颖而出，以整体来体验自身。”

或许，这其中已包含了“百分百荣格”的由来，以及荣格之所以成为荣格的奥秘。

魏维安将荣格称为“心灵医生”。显然，这与人们一般意义上所理解的“心理医生”有所不同。荣格与弗洛伊德一起，都是无意识心理学的创建者,属于深度心理治疗的先驱。所有的心理治疗,都不仅要识脑,而且要识心。若要识心,则必然要接触心灵的实在。在荣格出生的地方,瑞士康斯坦斯湖畔的凯斯威尔,后人立起这样一块石碑:在这座房子里,诞生了卡尔·古斯塔夫·荣格,人类心灵的探索者。

《百分百荣格》的作者,用了"成其所是"来表达其对荣格心理学之意义的理解。借助于东方智慧,荣格已超越了西方的二元对立,并从这种超越中获得了二元存在的真正意义。由此,他演绎出其分析心理学的传奇:从潜意识到集体无意识,以及无意识的意义;梦与我们的内在现实;与无意识的生动对话;意识的发展,自我与情结的表达;心理类型与适应环境;人格面具及其作用;阴影,以及其中的消极与积极方面;男人与女人,阿尼玛与阿尼姆斯;自性,以及自性化过程;中年危机及其转化;共时性,有意义的巧合与巧合的意义……至此,魏维安已用通俗易懂的文笔、深入浅出的风格,呈现了荣格分析心理学中最重要的理论、思想及其方法和应用。

魏维安早年毕业于巴黎第七大学的临床心理学专业,作为荣格心理分析师在巴黎从业已有四十余年。她曾任法国分析心理学学会(SFPA)主席,巴黎荣格学院院长。她也曾受国际分析心理学会(IAAP)委派,前来中国担任荣格心理分析专业督导师。

如同荣格,魏维安喜欢中国,喜欢中国文化与中国哲学。十多年前的2002年,第二届心理分析与中国文化国际论坛之后，我们曾一起登上泰山，一起走访曲阜孔子故乡。她具有法国人的本色，却有着中国人的情怀。从那之后，她几乎每年都来到中国，为国际分析心理学会在中国发展组织，组建广东东方心理分析研究院，以及在华南师范大学、复旦大学和澳门城市大学讲学与督导，传授其心理分析体验，为分析心理学在中国的发展做出了重要贡献。

译者严和来毕业于四川大学（学士、硕士），留学法国多年，在巴黎第十三大学完成临床心理学博士学位。他具有充实的精神分析理论基础和临床经验，且与作者魏维安熟悉，了解其人与思想。《百分百荣格》是魏维安的创作，我们中文读者则通过严和来先生的表达来理解。

作者魏维安在书中用“成其所是”来概括荣格的贡献。她引用了荣格在《移情心理学》中的一段话作为点题之笔：“懂得：‘看，这就是我。’还有什么比这重要的东西吗？”

“看，这就是我。”似乎荣格已经现身。

“看，这就是我。”实际上，这也是传达给我们每一个人的信息，包括《百分百荣格》的读者，读到了百分百的荣格，了解了荣格的心理学。那么，你们从中读出自己了吗？

申荷永

2014 年 10 月 23 日于荣格故居波林根

目　录

引　言

我的一生都是关于无意识的故事，
并且是无意识圆满地自我实现的故事。[1]

C.G.荣格，心灵医生

和弗洛伊德一样，荣格是精神分析的先驱者之一。但是，全世界在谈论精神分析之父时，都习惯性地谈论弗洛伊德，很少有人提及荣格，至少在法国是这样。

实际上，荣格曾是弗洛伊德的“接班人”。和作为精神分析运动的创始人弗洛伊德一样，在 20 世纪的最初时刻，荣格持续多年地是一个中心人物。他是国际精神分析协会(IAP)

① C.G.荣格(C.G.Jung)：《荣格自传：回忆·梦·思考》(*Ma vie. Souvenirs, rêves et pensées*, Gallimard, NRF, 2005)中的第一句话。

的第一任主席，从这个协会创立的1910年起，一直到他离开这个协会的1914年，当时协会总部设在瑞士的苏黎世；他还是《年鉴》①第一个总编纂人，这本期刊可谓第一本国际性精神分析杂志。

关于荣格，我们是不是有什么话还没有说？人们已经知道他不只是一个老夫子、一个符号学研究者，或者一位神话学家，他还是神秘主义者、玄学主义者、反犹主义者，他还摆弄一些图表，相信飞碟或者沉湎于炼金术……即便如此，评论还远未结束。甚至有一些人还写了一些关于他的书，为了证明他是多么不值得称道；其方式就如一些人写了长篇论著，就是为了证明上帝不存在！

如此菲薄，又极易过激，这对于歪曲荣格思想大有贡献。但是，我们认识真正的荣格吗？我们从没有看过他的书，只是对他理论当中某一个被长期歪曲的概念有一些道听途说的理解，而且还是带有成见及敌对的理解，只凭这个，我们就可以分析和总结他的所有著作吗？我们真的读过他那言简意赅而又含义复杂的作品吗？我们真的明白其作品的深度，理解其作品的真正含义，熟知其作品无限的丰富性了吗？

在许多盎格鲁-萨克逊国家里，特别在美国，荣格受到了高度的评价，有不计其数的著作是关于他的，或者受到其作品的启发。但是，在法国，他还很少被人了解，法国的大学到目

① 其全称是《精神分析与精神病学研究年鉴》（*Jahrbuch für psychoanalytische und psychopathologische Forschungen*），1908年4月27日在（奥）萨尔茨堡创立，布鲁勒和弗洛伊德是主编，荣格是总编纂人。

前还是把他“放逐”在外。这就像许多别的作家一样，不管他们思考着什么问题，只要没有进入到“正确的思想”领域，就会被“放逐”。

但是，不管我们愿意与否，荣格都是20世纪伟大的思想家之一，并且还可能是他的那个时代排名靠前的思想家。他很早就感兴趣于东方思想，从20世纪20年代起，他就把东方思想介绍给西方公众，他是这方面的先驱者之一。他对中国经典思想和佛教思想①都有着各种评述，和当时一些伟大的汉学家和印度学家都保持着紧密的合作。

具有敏锐的远见，本着好奇又好学的精神，他对所有的东西都感兴趣，包括科学、哲学、文学、人类学、古生物学、宗教历史、语言学等等。在心理学领域，他具有一些极其大胆的远见。远在当代物理学之前②，他的著作就把许多科学研究结合在一起。此外，他的著作还特别受到艺术创作者的青睐。

---

① 参见C.G.荣格：《关于金花奥秘的评论》(*Commentaire sur le mystère de la Fleur d'Or*, Albin Michel, 1979)，以及关于《西藏度亡经》(*Bardo Thödol*)和藏传佛教的《圣大解脱经》(*Grande Délivrance*)的评论，见《心理学与东方主义》(*Psychologie et orientalisme*, Albin Michel)。也可以参看一些著作的序言：铃木大拙的《佛教禅宗引论》(*Introduction au bouddhisme zen*, Buchet/Chastel, 1996)；《易经》的英文与德文的译文，或者他的《昆达里尼瑜珈的心理学》(*Yi King ou sa Psychologie du yoga de la Kundalini*, Albin Michel, 2005)等等。

② 关于这一主题，在别的作者那里也能看到。如M.卡塞纳韦(M.Cazenave)：《科学与意识，宇宙的两种阅读》(*Sciences et conscience, les deux lectures de l'univers*, Stock, 1980)，或者《同步性，灵魂与科学》(*La synchronicité, l'ame et la science*, Albin Michel, 1994)。

“成其所是”

懂得:“看,这就是我。”
还有什么比这重要的东西吗?[①]

在他生命的头二十年,荣格总是自我感觉突出,难以与他的环境相融。他知道这表明他不是“泛泛之辈”,自我感觉与别人不同。而人们不喜欢和他们不同的人,因此他忍受着人们的目光与争议。在他生命的最开始,这种情况就磨炼着他的意志精神,也让他学会如何给自己以自信,学会如何运用他内心的源泉。对“差异”的开放终其一生都在锻造着他的内心。他洞察人与物的目光和他考虑心理疾病或者神经症的方式,也深深受到这种性格的影响。

荣格以一种极其人性的方式考虑医患关系,他不是将考虑问题的重心放在病理学方面,而是放在考虑是什么在病人身上不良地运转着,从而消除这个不良运转——或是改变它,或是设法让它回归到正常运转。荣格知道每个人都把自己的神经症构造成一连串的反应,并且处在自我治愈的企图当中。因此,治疗的主要目的不是使症状消失,而是相反,要尝试理解其动力和深层的意义。在其生活和发展着的环境当中,有些症状是可以化为有用之物的;与此同时,荣格还努力发现每

① C.G.荣格:《移情心理学》(*Psychologie du transfert*, Albin Michel, 1980),第 55 页。

个人自身的价值和内心的丰富性，从而让病人能够发现他真正的自己是什么样子的。这也是为了病人能生活得与自己本身更一致，即便他周围的人对他并不做如此指望。

尽管是一名精神病医生，荣格认为并不存在所谓的正常与不正常的人，存在有病的或者完善的精神。又有谁可以确定地说出所谓的“正常化”是什么呢？人各有异，在某些特定环境或是时刻，当人生遇到困难时，我们所有人都有点“混乱”，甚至会“精神失常”。甚至，荣格还认为，确切地说，可能也正是在*那里*，在“混乱”和“精神失常”那里，存留着我们的原创性。一切皆需考量。

荣格关于世界与人类的看法并不是二元的。荣格认为我们不要尝试着和我们的矛盾与错误战斗，不要想着消除它们。我们要做的则是相反，即要努力发现它们的*意义*；对我们来说，是它让我们今天如此地存在着。这也是荣格伟大的原创性所在。我们都自然而然地努力着，努力寻找一种可接受的平衡，努力做到尽管受伤但好歹还能够继续活下去；在这种努力中，我们发现的意义将起*补偿校正*的作用，它还可以指明那些无意识地占据我们内心的东西。这也等于说，意义对我们讲述我们自己，为了最终达到整合的目的，这次完全是在意识中达到我们人格的完整；这也是为了认清最后的“情结”，而最后的情结即整个存在的情结。

第一章

荣格，一个我们还不熟悉的人

夜里我感到了一些莫名的焦虑……

一些人淹死了，一具尸体从岩石上掉落。

在附近的墓地里，教堂管理人在挖一个洞……①

荣格，孤独者

一个替代的孩子

卡尔·古斯塔夫·荣格，1875 年 7 月 26 日出生于瑞士康斯坦斯湖畔的凯斯威尔，这是一个三国的交界处：瑞士、德国和奥地利（在那个时代，奥地利还在奥匈帝国的版图上）。他的父亲，保罗·阿基里斯·荣格（Paul Achilles Jung）是一位牧师。

① C.G.荣格：《荣格自传：回忆·梦·思考》，第 28 页。

他的母亲，艾米莉·帕赖斯维克（Emilie Preiswerk），也是一位牧师的女儿，她的五个兄弟，也就是卡尔·古斯塔夫的舅舅们，同样也是牧师。

卡尔·古斯塔夫应该是第四个孩子，但他是老荣格夫妇第一个活下来的孩子，前三个孩子要么是出生时就死了，要么是出生几天后就夭折了。他有一个妹妹，格特鲁德，比他小9岁，所以卡尔·古斯塔夫很长一段时间里，都是家里唯一的孩子。

出生6个月后，他的父母在莱茵瀑布附近定居，那里景色美不胜收，但对于一个小孩来说，那里也是阴森恐怖的。这能让我们想到一种非常特别的氛围，在这种氛围里，卡尔·古斯塔夫度过了他生命的最初四年，陪伴着母亲。他母亲由于接连丧失了三个孩子而沉浸在哀伤之中，从而对她的儿子也有些"心不在焉"。期间，因为严重的抑郁，她不得不长时间住在医院里。荣格记得他的父亲非常慈祥，但是他也被这些事情弄得焦头烂额。因此，在绚丽夺目的大自然怀抱当中，在劳芬（Lauffen）城堡的简朴牧师住宅里，这个孩子自己生活着，处于无尽的孤独之中。

在他的回忆录中，荣格诉说道，在整个童年里，他都感到有两个人格在他身上，他称他们是"1号"和"2号"。就像这样，从很小的时候开始，他就和一个他者紧密地连在一起，这个他者萦绕着他，但是荣格从不知道两个人格当中的哪一个才是真正的他。对于这样的主题[1]做了大量的研究之后，我们现在知道，某些婴儿在一个死婴之后出生，就会碰到这样的问题，这与他们的身份认同有关。他们自然而然地就带有他们父母未了结的哀悼，自我感觉像另一个人。这一问题的研究者们认为，经常地，他们要么成为疯子，要么成为精神病医生或者心理学家，要么成为一些创造者，就像贝多芬、凡高或萨尔瓦多·达利那样。荣格曾经几乎疯掉，但是他最终没有变成疯子，而是成为精神病医生。荣格的著作还有至少一半没有整理、翻译和出版，而如果从他著作的原创性和丰富性上来判断，毫无疑问，他是一个异常多产且富有创造性的作者。

“早熟”的孩子

卡尔·古斯塔夫很早就沉浸于《旧约》的故事里，他的父亲给他讲了这些故事。他早早地就学会阅读，4 岁就开始学习拉丁文。作为一个对一切都敏感而又好奇的孩子，他常常失眠，为了填补无尽的孤独，他常常数小时地徘徊在围绕着他的伟大自然当中，或者徜徉在藏有哲学、宗教和文学著作的牧师图书馆里。

在他的回忆录中，荣格讲述了他差不多三四岁时做过的一个梦，这是他能记起的最早的梦。在这里，值得把这个梦完

---

① 参见 M.波罗(M.Porot)：《替代的孩子》(*L' enfant de remplacement*, Édition Frison-Roche, 1993)；或者 E.伯斯南斯基(E.Posnanski)：《替代的孩子：一段关于父母未解决之报怨的传奇》(*The 'replacement child' : a saga of unresolved parental grief*)，见《儿科发展与行为杂志》(*Journal of developmental and behaviorial pediatrics*), 81, 6, 第 1190–1193 页。

整地复述一遍，因为它说到了许多与无意识的联系，以及联系的方式。通过这些联系，在他身上的一些东西很早就能够引导其朝向心灵深处，探索那些生命中最古老有力的能量。

在毗邻城堡的一个农场后面，一个孩子躲在一个扇贝里。他发现一个昏暗的洞，之前他从没有见过。出于好奇，他靠近这个洞，并且往底部看。他看到一溜被加固的石阶，顺着石阶，他惶恐地走了下去。他到了一扇门前，这扇门被一个做工精致的华丽门帘挡着。他掀开帘子，看到一个四方的房间，光线昏暗。一个黄金的皇家宝座矗立在讲坛之上。在宝座之上，孩子看到一个大约有五米高的巨大物体，孩子一开始认为那是一棵树的树干。这个东西，直径有五十厘米，他说它由"皮和肉组成"。它有"一个圆锥形的头，没有脸也没有头发，在头顶上有一个眼睛，一动不动"，这个眼睛仰望着上方。而上方有一片灿烂的光辉。孩子非常害怕，因为虽然他觉得这个东西不会动，但它是可能从宝座上下来的，会像一条虫那样爬到他的跟前。而此时，他听到妈妈在上面喊道："是的，看好了，这是吃人的怪物，它吃人！"①

① C.G.荣格：《荣格自传：回忆·梦·思考》，第31页。

这个所谓的“男根”的梦,可以看作是幼儿心灵中的象征性表象,它也预示了三十年后,荣格的工作将与其有关。向昏暗的深处降落,又在“意识中”走向地下的出口,我们将会看到,终其一生,他都是如此。

这个梦也是他所有作品的脉络,伴随着他毕生的科学研究。无意识深处有着不可抵挡又极度恐怖的诱惑,无意识既是所有生命的创造之源也是毁灭之源。但也可能正是这样,幼小的卡尔·古斯塔夫才得到了拯救。他天生就有信仰,而信仰存在于那些内在的复现表象(représentations)当中,这些复现表象填补了外部父母的“缺失”,足够稳固的父母是信仰所依赖的。正是这个诱惑和信仰,非常矛盾地把他带到了疯狂的边缘,但同时也拯救了他。

随后,在他 11 岁进入贝尔中学学习时,他产生了适应困难,因为他已经习惯了生活在乡下。有人嘲笑他的笨拙和毫不考究的穿着,但是,另一方面,不管是他的老师还是同学,都对他的谈吐深度和知识广度感到震惊和不安,这和他的外在形象与年龄都不相符。沉默寡言又极度敏感,他对上课感到厌倦,反感社交,攻击别人,打架惹事。很自然地,他就和别的同学保持了距离。

今天,我们会说像这样的孩子是一个“早熟”的孩子。事实上,他确实具有所有早熟孩子的特征。他对事对人有着深刻的洞察力,再加上他的早熟,使他有着其他普通的同龄孩子无法拥有的理解能力,这些导致了他和其他孩子之间产生了隔膜。这种错位也更加促使他退隐到孤单的内心生活中。他更爱幻想了，通过幻想，他试图逃避他的不适感带来的痛苦。

荣格，精神病医生

在治疗当中最重要的
是个人的信念，
严肃的计划和竭诚的服务，以及
治疗者们的忘我无私①

卡尔·古斯塔夫生活在书香门第，数代以来，医学和宗教都紧密相伴，这是家族所选择的职业，这样的环境对不同文化与语言尤其具有开放性。在生命的头二十年里，他生活在几国的交界处；从4岁开始，他生活在贝尔附近，然后定居于贝尔，而贝尔处在三国之间：瑞士、德国和法国。②这些经验有助于荣格成为一个“边界式”人物，对世界充满好奇，在生命的一开始就受到不同的文化影响。

很小的时候，卡尔·古斯塔夫希望成为古生物学家或者考古学家。但是在高中会考之后，为了顺应父亲的心愿，他选择了医学，目的是像他的祖父那样成为一名外科医生。然而，

① C.G.荣格：《心理疾病的精神起因》(*Psychogenèse des maladies mentales*, Albin Michel, 2001)，第330页。

② 即使自1870年来，阿尔萨斯被德国占领，这也没有影响它作为“法国的”领土而存在。

由于家资缺乏，再加上学业刚开始不久他的父亲就英年早逝，这些都让家境更加困难起来，而且他还需要照料母亲和妹妹。于是，他改攻精神病学，因为精神病学的学习耗时不长，同时学费也低于外科学。但是，事实上会不会就像我们将要看到的那样，也许所有的一切都注定了他会走向精神病学？

很快，这个年轻的大学生就第一次感到了自在，并能和周围的人融洽相处。在大学里，他像他父亲一样加入了一个叫佐芬根①的大学生宗教社团，他的精神面貌和渊博知识最终让他认识到自己的价值，同时也得到了同学们的尊敬。甚至，这还让他在同学当中的反响颇为热烈，引起了一些令人兴奋的交流，在此之前，这些对他来说都是缺乏的。那时候他21岁。

1900年12月，荣格在25岁那年获得了医学文凭。十天之后，他便开始在苏黎世的精神病院工作。

伯格尔兹尼医院

在住院实习医生期间和博士毕业之后，荣格差不多在苏黎世的伯格尔兹尼（Burghölzli）医院工作了十年。在20世纪之初，该院院长欧根·布鲁勒②从事的才是真正的精神分裂症的研究（那时精神分裂症还被称作“早发性错乱”），这家精

---

① C.G.荣格：《佐芬根读本》（*The Zofingia Lectures*, Princeton, Bollingen），第20期，1983。

② 欧根·布鲁勒（Eugen Bleuler, 1857–1939）：瑞士精神病医生和苏黎世精神病学教授，他在1911年发明了“精神分裂症”这一术语，用来更改对“早发性错乱”的命名，以指出这种疾病的特征为人格分裂为碎片状。

神病治疗机构也因此成为诊治精神病的前卫医院，享誉世界。

实际上，和当时的其他精神病机构不同，在这里，病人的治疗非常人性化，病人被认为有着多种完全独立的存在状态。但不管他们的状态怎样，病人都值得尊重，全部医疗人员，包括医生在内，都要对他们进行全力诊治。此外，医生应该住在医院里，对他们的病人进行24小时的服务。当时这种病被认为是无法治愈的，病人往往遭到漠视，甚至是虐待，但是布鲁勒的看法远超他那个时代，认为如果医生能和病人形成一种"人性化"的关系，病人的病情就会好转，甚至永久性地被治愈。于是人们从欧洲各地——有的甚至从美洲——赶来，在这家著名的苏黎世临床机构当中接受治疗。

在冯特[①]的路线上，荣格也领先于那个时代，他在词语联想测验上有一些深入的研究，借助于诱发词语以解释精神分裂症病人的一些症状。这可以用来理解病人的问题根源应该标定在何处，也可以用来重建病人的部分情感历史。

荣格也在巴黎追随过阿尔弗雷德·比奈[②]和皮埃尔·雅内[③]，后者还是法兰西学院的教授，他在萨勒贝特里埃医院领导着一个心理学实验室，在那里进行着癔症和催眠的研究。

---

① 威廉·冯特(Wilhelm Wundt,1832-1920)：德国哲学家和医生，他在莱比锡建立了实验心理学的第一个实验室，后来有无数的欧美医生闻之而来，接受训练，学习他的方法。

② 阿尔弗雷德·比奈(Alfred Binet,1857-1911)：发明家，与朱勒·西蒙合作，发明了比奈-西蒙智力测验。通过这些针对学龄期孩子的测验，他可以发现存在于正常与不正常之间的明显相似性，不仅是在孩子那里，在"大人们"那里也一样。

③ 皮埃尔·雅内(Pierre Janet,1859-1947)：法国哲学家和医生，萨勒贝特里埃医院教授，和沙柯一样，他是法国心理学的重要人物之一。

弗洛伊德年代

荣格已经读过弗洛伊德的《梦的解析》[1]和另外一些关于癔症的文章[2]。这两个人的观点有很大一部分非常相似，弗洛伊德的研究正好在很多地方证实了荣格自己的发现。荣格在词语联想的实验当中有所发现，他也因此成为这方面的专家，在瑞士之外，他也有一定的名气。

1906 年，荣格给弗洛伊德寄去了他刚刚根据自己的实验出版的著作[3]。弗洛伊德给他回了信，告诉荣格说，他已经购得了这本著作，并且是一出版就买的。弗洛伊德饶有兴趣地接纳荣格来到他的生活中，而荣格更甚，他在自己的著作中大量引用弗洛伊德，显然弗洛伊德已经不可被忽视了。紧接着，几个月后，荣格就写信给弗洛伊德向他征求治疗建议，因为荣格开始用弗洛伊德所说的方法治疗一个癔症少女。这个少女就是萨宾娜·斯皮勒林，这是荣格的第一个因其故事而受到

---

① S.弗洛伊德(S.Freud)：《梦的解析》(*L'interprétation des rêves*, Paris, PUF, 1980)。

② S.弗洛伊德，J.布劳伊尔(J.Breuer)合著：《癔症研究》(*Études sur l' hystérie*, Paris, PUF, 1975)，以及 S.弗洛伊德：《关于癔症的病因学》(*Sur l' étiologie de l' hystérie*)，《全集，第 3 卷，1894-1899》(Paris, PUF, 1989)。

③ C.G.荣格：《词语联想的研究》(*Études sur les associations de mots*, Princeton University Press, 1973)，《全集，第 2 卷》。

文学、戏剧及电影界大量关注的病人。[①]

就这样,弗洛伊德与荣格之间有了频繁的通信。到了1907年,在弗洛伊德邀请之下,荣格到访维也纳。更紧密而富有成果的合作开始了,这一合作一直持续到1913年。荣格视弗洛伊德为师傅和父亲,这些对他来说曾经是缺失的,而弗洛伊德则视荣格为一个具有天赋的儿子和继承者,负有把精神分析带离维也纳和犹太人藩篱的使命。弗洛伊德曾对荣格意味深长地写道:"您将是一个像约书亚一样的人物,如果说我是摩西的话,您将掌控精神病学的应许之地。"[②]在这个伯格尔兹尼医院杰出而著名的上帝恩赐的年轻精神病学医生身上,弗洛伊德曾经寄托了他所有的希望。

他们的关系是密切的,甚至是富有激情的。弗洛伊德,就像一个善妒的情人,总是焦急地等待着荣格的来信;而荣格,尽管他还有各种各样的活动,也是迫不及待地等着弗洛伊德的回信。自从第一次见面之后,他们就对一个观点完全达成一致意见,这一观点借用弗洛伊德在他书里的一句话来说就是:"解析梦是认识无意识的王道。"[③]但是,也是从一开始,荣格就对弗洛伊德的另一个立场有些保留意见:他认为,弗洛伊

① 特别是罗伯托·法恩扎(Roberto Faenza)的电影《关乎心灵》(*L'âme en jeu*),克里斯托弗·汉普顿(Christopher Hampton)的剧作《话语与治愈》(*Parole et guérison*),以及克罗内贝格(Cronenberg)根据这一剧本改编的电影《危险方法》(*A dangerous method*)。也可以参考J.克尔(J.Kerr)的著作《非常危险的方法:荣格、弗洛伊德和萨宾娜·斯皮勒林的故事》(*A most dangerous method, The story of Jung, Freud and Sabina Spielrein*, Alfred A.Knopf, 1993)。

② S.弗洛伊德、C.G.荣格:《通信集》(*Correspondance*),卷1,第271页。

③ S.弗洛伊德:《梦的解析》,第517页。

德对待性欲的观点过于极端。因为，如果同意弗洛伊德的观点，那他就要承认神经症特别是癔症，和性欲及压抑（对欲望的无意识拒绝）有着确切的联系，但荣格自己与精神病人的日常接触也让他体会到，对于精神病人来说，情况绝对不是这样。

荣格努力地尝试着说服弗洛伊德对他的泛性论观点做一些缓和的陈述。但是，弗洛伊德不能容忍这些问题，他常常认为这些问题是一些人身攻击。他不想做任何让步，始终坚持他的立场。于是，在他们之间就出现了一些分歧，这些分歧也从未找到解决方法。到了 1913 年，他们就彻底决裂了。

第二章

弗洛伊德与荣格的分歧

荣格在 1912 年出版了《心灵的变形与象征》一书,《变形与力比多的象征》是此书的序言,在这篇序言当中,荣格写道:

> 此书完成于 1911 年,这一年我 36 岁。对我来说,这是一个关键性的时刻,因为这是我生命另一半历程的开始。这一年一些观念屡屡发生翻转,一些观点之间也屡屡产生碰撞。我毫不犹豫地放弃了所有其他的工作和社交,全身心地和弗洛伊德进行着友好的交流。
>
> ……但是他在某种程度上不顾我的反对,自顾自地写作……丝毫不给任何机会来斟酌我的思想。所有落在我身上的东西,就像雪崩一样,令人难以接受……这里所写的内容是一次爆发,在弗洛伊德式心

理学及世界观那令人窒息的狭窄空间里，这里所写的内容是找不到位置的。[①]

因此，这本书是一根导火线，加速了弗洛伊德与荣格之间的分裂。荣格在书中对其理论的前提表述稍显突兀，就像他在序言里解释的那样。在这部著作中，荣格可能还显得有点笨手笨脚，但是其表述则是完全清楚的——他坦率地选择了与弗洛伊德相对的立场，特别是在性欲力比多这一问题上。在这里，荣格对精神根基做了自己的假设，这一假设远远超越了主体的个人历史，也远远超越了弗洛伊德所定义的无意识。对荣格来说，他的立场是长久以来努力探寻的结果，实际上在无意识当中，他酝酿这一结果已经有很多年了，这也遥遥呼应着他童年时期的那第一个“男根”的梦[②]。

在这部著作当中，荣格整理出数个极其重要的观点，都是与弗洛伊德的观点相对立的。

一切皆非性

力比多，生命能量

“人只是受到性本能的操控”，荣格反对这一观点。其实，他并不反对性欲对每个人都具有重要性，而是相反，他只是不

---

① C.G.荣格：《心灵的变形与象征》(*Métamorphoses de l' âme et ses symboles*, Georg, 1972)，序言。

② 参见第一章中的荣格之梦。

接受把人类精神功能只归结到这唯一的因素上面。对他来说，事实上，力比多，也就是精神能量，是由数种别的本能组成的，这些本能没有和性欲相混合，不是从性欲演化而来的，它们也都有各自的功能，在我们发展的各个阶段，它们会发挥各自的作用。

荣格认为，允许每个人发现自己生命的意义和其自身的创造力，这是具有优先性的。他认为这些至关重要，其重要性超过了去寻找我们对父母是否有一个秘密的欲望。但是这也并非表示它们必然是相互排斥的。荣格开始重新构造力比多这一概念，它不再只是关于性欲的，但在生命的进程中，同样起着重要作用。这一点与弗洛伊德构造的概念形成鲜明对比。因为，对荣格来说，力比多不具有什么特殊的倾向，它可以涉足任何领域，比如饥饿、仇恨、权力、性欲，等等。

心灵与宗教职能

在许多领域当中，我们都能发现这种宗教感受是与“奇妙的经验”相连的。每个人在生命的某些时刻都可能会有这样一些奇妙的经验，但是这些经验与宗教的“信仰”是有差别的。对荣格来说，宗教感受并不是从童年欲望演化而来的，也不是对性欲的压抑。宗教感受也不是神经症，不像弗洛伊德所认为的那样，是对父亲意象的同性恋感受的变形。因为，在任何个案当中，神的意象都不是父亲意象的化身，而是相反，父亲意象常常被神的意象所沾染。[①] 因此,荣格认为宗教是一种"心灵的自主活动"[②],人性具有特殊性,宗教体现了这一现实。

这是人类特有的倾向,从远古时代就是这样,人们总是修建一些祭坛,生产一些祭祀物品,向他们的神献祭。这一倾向在我们认为没有信仰的人们那里也有所表现,所有的人都有这一倾向。神的意象是一种表象,和人类的精神紧密相连。对荣格来说,既然所有都是无意识,我们身涉其中而不自知,那么非常重要的事情就是:要分辨无意识的内容是什么,并考虑如何让它被意识到。否则,这些内容在无意识当中就完全是被贬谪和流放的,它们会表现出来而我们却不知其究竟为何,特别是当它们以孩子式的方式、陈旧的方式,因而也是危险的方式表现出来时。

人类的这种倾向与宗教实践并没有必然的联系,但是,与之相反,为了布道,所有的宗教都利用了这种人类内在的宗教需要。甚至在政治上,现代出现的所有"导师"和"先知"们,他们被称作人民的父亲、伟大舵手和革命的卓越领袖,他们都利用了这种留存在人们精神中的宗教需求。他们都试图成为人们心目中神的意象的化身,进而占据着高高在上的位置,并且让人们陷入到一种迷恋和顺服的状态当中。世界上的独裁

---

① 在迈克尔·哈内克(Michael Haneke)的电影《白丝带》(*Le ruban blanc*[*Das Weisse Band*],2009年10月)中,我们可以看到这样的具体描绘。

② 阿涅尔(Agnel)等编:《荣格词典》(*Dictionnaire Jung*,Paris,Ellipses,2008),"宗教"词条。

国家及其让人们陷入消极顺从状态的形式令人吃惊，具体的例子，我们这里就不赘述了。

精神乱伦

荣格认为，乱伦首先是“精神”上的现实，在涉及到真正的母亲之前就已存在。也就是说无意识有一股朝向古老底层的力比多逆流，它远在真实生母之前就已经在那里了。

伟大母亲

母亲是所有未来和所有变化的
神秘根源……也是所有开始
和所有结束的寂静根基①

阿莱克斯的梦可以用来阐释伟大母亲和精神乱伦这两个观念，这个梦表明，在一个三十多岁的现代人那里，这两个观念是如何表现出来的。

一个巨大的女人全身赤裸着躺在青翠的大自然里。一群小人，就像一群小狗那样，顺着她腿间的藤

① C.G.荣格：《意识之根》（*Les racines de la consciènce*, Buchet/Chastel, 1971），第110页。

> 蔓往上爬，去她的生殖器上吸吮奶水，而这个生殖器是个阴茎。

阿莱克斯做这个梦的时候，他完全处于退行阶段。他要尽早给他所工作的大学研究室写一份非常重要的报告，但是他一个字都没法写。正如荣格假设的那样，这个意象表明了这里有一个退行，而且退行得如此之远，以至于事实上远远超越了亲生母亲的意象。

我们看到，一方面，这里有一个“集体的”行动而不是“个人的”——一群人；而另一方面，这个赤裸的女人又有着一些十分神秘的姿态，这种姿态与现实中的女人没有任何关系，更不必说和阿莱克斯的妈妈有着联系了。但是，这个意象也同时证明着存在一个退行的运动，它有着强大的推力，驱使着那些人—狗朝向乳房—阴茎。同时，对奶水—精液的汲取既能完成“进食”，也能得到“孕育”。

荣格告诉我们，他是从宗教故事当中借用了“伟大母亲”这一术语的。他同样也参照了宗教崇拜当中的信仰与实践，这种宗教崇拜从地中海一直延伸到印度，根据不同的地区和宗教，她们被称作大地母亲的崇拜、女神母亲的崇拜或者伟大女神的崇拜。这一意象在我们纪元开始的数千年前就出现了，表示着怀孕与繁衍的神圣性。这一意象将自然与宇宙当中存在的所有奇妙与神圣的力量集于一身。这是一种对比强烈的力量，既富饶多产，也包含了毁灭和破坏，因为它具有原初元素与自然元素的所有性质。在他关于诸种变形的著作中，荣格认为伟大母亲具有原始母亲的象征，从其源头上说，她是“子宫”（matriciel）的象征，所有的东西都从那里诞生，她既产生着生命也滋养着生命的进程。

对当时的人们来说，这个原始的能量具有神性，代表了在他们自身的精神世界当中起作用的创造力和破坏力，它包含着多种形式，有着多种表现。它具有许多潜力，这些潜力只有通过投射才能接近，对此荣格用这样的观念来描述：“精神首先是世界”。

因为对人类来说，其所处的环境构成了一面镜子。在将人们反映于其中的这个镜子里，人们还不能发现和自己有所不同的其他意象。通过投射，人们看到或者认为看到的东西都具有他们自身的特点，当然，这实际上是人们将其自身特点借给了在他们身外发现的人物。环境，人们千万年来与之相处，对它有一种“无意识的认同”。直到今天，在人类发展的某些阶段比如在儿童期或别的某些特定精神状态中，这种人类与环境的关系，有时依然如此。也就是说“无差别地”，人们与世界、意象与现实，都混成一团。

人成为人的进程，就是人从与环境混淆的无区分当中抽离出来的过程。这既涉及到人类的整个历史，也涉及到每个人的单独历史。

伟大母亲，这一原初能量，因此是所有事物的起源，她让我们不停地朝她回溯，从中汲取营养物质，也从中获取让我们再生的必要力量——让我们发生变化的必要力量。

> 桑德琳娜具有绘画天赋,她的油画作品的艺术价值,得到了周围人的赞赏。但是有一天,在她要举办的画展就要开始之前,她用刀把她所有的油画都划烂了。后来,她又用同样的方法对待工作室的墙壁,这个工作室本来也是她自行设计装修的。最后,她还攻击自己的身体,服下了大剂量的巴比妥酸①,药量多到完全可以让自己死去。幸好最后关头,她的丈夫发现了,她才被救活。

创造—毁灭的二元存在,具有原始暴力,这正是"伟大母亲"这一概念所描述的原初能量的一个特点。像这样的二元交替是一种基本模式:那些可以哺育我们的,也可以吞噬我们。对荣格来说,正是在这种矛盾的运动当中,生命进展的动力得以建立。而这也就是他的力比多概念所要说的东西。

像桑德琳娜这样,如果被伟大母亲的能量所主导,我们就似乎是沉溺在深沉而又黑暗的水面之下,不曾有分化。这也说明我们的能量有一部分还没有被意识所整合。这是一个信号,表明我们还没有"诞生出我们本身"。或者说,我们还是一个神话人物,即具有永恒性,在某种程度上,处在"人类的史前时代"。

---

① 这是一种催眠药,用以抑止神经系统。——译注

牺牲

世界出现于人类开启它之时。
但是,人类只有牺牲原始母亲对他的完全包裹,
他才能开启世界,
换句话说,人类只有开始无意识的状态,才能开启世界。①

与伟大母亲相遇,就要牵涉到象征机能,这一机能表现着无意识最古老的底层,因此它回应着对起源的追溯。就像我们所看到的,荣格认为对起源的追溯就是精神乱伦的象征性抵达。但是,对起源的追溯同时也是再生行为,在神话当中,这常常表现为英雄对抗魔怪的战斗。比如说,乔纳斯与鲸鱼的故事,或者圣米歇尔杀龙的故事。

英雄在探寻时,都希望能进入母体再一次成为孩子,但同时,这也是跌入了无意识的深渊,他必须摆脱这个"母亲",牺牲这个母亲对他的包裹,否则就会被她吞噬。这就是荣格所说的牺牲的意思。这是一个非常重要的时刻,在这一时刻,自我与古老的无意识内容进行对质。

但是,与这个母亲脱离,并不是没有危险与痛苦的。荣格说:"离开母亲的力比多……变得极具危险,就像蛇(这是死亡焦虑的象征)一样,因为与母亲的关系必须枯死,而这也几

① C.G.荣格:《心灵的变形与象征》,第677页。

乎是让自己处于死亡当中。”①

克里斯蒂娜是ZEP②的教员，她是一个非常大方又真诚待人的女人。她极度执著，很想“拯救”那些处于困境当中或者自甘堕落的人。她极愿与这些人进行融洽的交流。对她来说，每个人都值得被爱，这个世界不应该有冲突也不应该有不公平。克里斯蒂娜希望她的丈夫和孩子也能够像她一样，对待他人充满爱意，殷勤关切，慷慨大方，也就是说，像她一样是完美的，但是他们很明显不是这样。这让她感到极度痛苦。她常常批评他们，抱怨他们忘恩负义，不通人情。而事实上，她是用她的“好品质”，把她的丈夫和孩子都箍紧起来，束缚着他们的生活。克里斯蒂娜应该从极度善良与全能的母亲身份中抽离出来，她实际上是陷在这个全能意象当中并认同着这一意象。她应该努力抛开这个“绝对价值”，这一价值规定着她的所有生活，她幽闭于其中，同时把她的亲人们也幽闭在其中。但是，她不愿意面对也不愿意理解：绝对的爱这一观念本身就是一个牢笼，她建造了这个牢笼，不仅关闭了自己也关闭了他人。她不愿意放弃她的普遍之爱的理想，而这一理想事实

---

① 同前注，第515页。
② 教育优先权领域。

> 上她也从未抵达，她也不想“牺牲”她对事物完美的幻觉，而她宁愿“牺牲”自己。她这样做着，想着，以至于有一天，她万念俱灰，突然冒起自杀之意。

克里斯蒂娜没有意识到，她如此鼓吹的这个爱对应着她那些痛苦难忍的缺失：当她是孩子时，她需要这种绝对的爱。我们看到，今天对她来说，要抛弃这个爱是如何地困难；我们也看到，这个爱是如何危险地羁绊着她的精神演化。克里斯蒂娜囚人也自囚，她无法发展，最终只能陷入绝路。她必须抛弃其“善”的全能，从而接受诸人诸物的现实，接受生活的现实。

就像在克里斯蒂娜那里一样，“牺牲”这一概念涉及的是放弃对母亲的眷恋。但是这也必然波及到对自恋幻想的放弃，对单单注重意识的放弃，对自我和意志专制的放弃，等等。所有这些，在我们生命当中的某个时刻是有用的，但是有一天我们需要将我们从这些观念上面移开，那时我们就必须有所“牺牲”。

牺牲是与阉割完全不同的另一个范畴，后者也绝对不能取代前者。前者是产生于内部的一种不可推卸的力量，它引发了荣格称之为自性化(individuation)的进程。牺牲是有意识的，是被允许的。阉割是来自于外界的惩罚，一般说来，它是被动承受的。对自我来说，这两者都是痛苦的经历。

第三章

无意识何用之有?

让无意识里的内容返回到意识当中,能够让我们理解:我们和亲人、父母、配偶、孩子、同事等所维持的关系具有神经症性质。与此同时,明白这些无意识内容,也给了我们改正的可能性。当然,荣格也认为并不是神经症患者就一定要被治愈,因为他们已经在自己身上进行着自愈的尝试。[1]

无意识的创造性

无意识这一概念“并没有提出什么新东西”,

只不过指出了“我们的无知”。[2]

---

① C.G.荣格:《心理治愈》(*La guérison psychologique*, Genève, Georg, 1987),第 207 页。

② C.G.荣格:《通信录:1941-1949》(*Correspondance 1941-1949*, Albin Michel, 1993),第 155 页。

荣格的心理学有时候被称作“深度心理学”，或者是“情结心理学”，对于荣格和弗洛伊德来说，他们所说的无意识并不具有相同的起因，也不具有相同的特征，两者并不在同一个意义层面上。

如果我们用一个同义词来解释，弗洛伊德的无意识就是“不是意识的”。它由那些被压抑之物构成，也就是说，由通过意识的禁止和检查，那些被排除在意识之外的东西构成。夸张一点来说，无意识就是意识的“垃圾桶”。而对于荣格则完全相反，无意识是永不枯竭的内容之源。它具有创造性，它是一种预见，并且，正是它创造了意识。与弗洛伊德相比，两者的运动方向完全相反。荣格说：“我们的无意识就是历史性的和个体性的谈话，是从原始无意识的黑暗和晨雾当中发展而来的。”①

假设荣格认为，新生儿一生下来并不是一块“白板”，而是传承了功能性和表象性的禀赋，那么这些禀赋也是完全处在无意识中的，它们只能一点点地在世界中苏醒，也只能一点点地被周围的人意识到，或者说这些禀赋一点点地意识到周围的人与物。这表明意识并不是一个先验地被给定的状态，它是随着时间与心理成熟逐渐发展起来的。随着生命不断地进入到不同年龄段，我们也不断地变得更具意识，意识的领域是随着年龄的推进而逐渐扩大的。

因此，正是从无意识当中才发展出意识来。终其一生，意

① C.G.荣格：《心理治愈》，第266页。

识都尝试着从无意识中抽离，意识会对在它面前表现出来的无意识内容进行缓慢的同化，从而达到与无意识相区分。荣格说："无意识是意识之母。"①更为重要的是，对荣格来说，存在着两种层面的无意识：一种是个体层面的无意识，另一种是集体层面的无意识。

个体无意识：自我的前厅

这是无意识最表面的一层，这一层很容易就进入到意识，自我也容易了解它。它由所有与个体生活有关的内容构成：我们被埋藏的回忆，所有被压抑之物，或者说，所有因为某些原因而从意识当中消失的东西，我们自童年期从亲人们那里得来的一些意象，等等。这一层面的无意识有一点像弗洛伊德所定义的无意识。但是，对荣格来说，就算压抑是非常重要的，但它"也不是对内心世界唯一起作用的机制"②。

集体无意识和原型

在精神乱伦的主题之下，荣格谈到了留存于无意识当中的神话内容，这些神话内容产生出一定的典型意象。一开始，荣格称这些意象为"原始意象"，几年以后，为了明确这些内容的性质，他引入了"原型"这一概念。

荣格认为，人类"自一出生就带有一些人类特有的已组织

---

① 同前注。

② C.G.荣格：《自我与无意识的辩证》(*Dialectique du moi et de l' inconscient*, Gallimard, 1986)，第24页。

好的系统,这些系统已经准备好发挥作用,这应该归功于人类数千年的进化”①。这是无意识深处的原始层面,荣格称之为集体无意识。它扎根在身体当中,对应着本能的区域,也就是说对应着个体最古老的地方。一直以来,正是集体无意识使人可以成为人,集体无意识中储存着人类演化过程中的祖先记忆。

确切地说,集体无意识里面什么也没有。它只不过由一些表象的“可能性”构成。它们是一些潜在的“母模”种类,它们可以生产行为、意象、观念、情感等所有表达形式,它们以自身特有的强度被再认。

荣格称这些模板为“原型”。它们的结构对应着与本能相连的行为图式。比如面对危险环境时,它们允许以合适的方式进行本能的行动或反应,而不管这个环境是外在的还是内在的。原型是一些无意识的“组织者们”,它们在人类进化的不同阶段创造着不同的意义。

原型本身是一个空的形式,我们只能感受到它根据不同的状况而产生的事物。它们是一些表象或者原型意象。这些原型产物以某种“样式”表现出来,对此,我们可以在神话、传说、艺术作品当中发现,也完全可以在每个人的梦里发现,或在精神病人的谵妄当中发现。如果要列举一些原型的例子,我们可以提到伟大母亲、智慧老人、神人、男女同体者、永恒孩

---

① C.G.荣格:《心理学与教育》(*Psychologie et éducation*, Buchet/Chastel, 1996),第230页。

子、上帝，等等。

这些意象是非个人的，因为它们与我们个人生活没有一点关系；这些意象具有普适性，因为这些意象普天之下随处可见而且纵横古今。本质上，它们具有完全相同的意义，但是由于地域、文化以及所出现的年代不同，它们会翻出无穷无尽的花样。

比如，神人应该具有一些相同的特征，但是他今天的表现方式与20世纪初、中世纪及上古时代相比，则大有不同。被人们奉为神人的詹姆斯·邦德、足球冠军、帕西瓦尔（圆桌武士）、十字军东征时远赴耶路撒冷的勇敢骑士，或者凭借其聪明而躲过所有陷阱的尤利西斯，都是不同历史时期同一原型产生的“表象”。

这些意象在美洲、欧洲、非洲或者亚洲的某些国家也有不同表现。基督教的三位一体——圣父、圣子与圣灵，这是西方典型的表达方式，但是印度教的三神一体则是梵天、毗湿奴和湿婆。它们所反映的模式还是相同的：唯一的神具有三个不同的层面。每一种文化都以独特的方式，对同一模式翻出新花样，文化之间又相互渗透，进一步孕育出丰富的集体想象，这进一步构造出非常不同的表达方式。

原型的表象可以填补空缺，可以作为补充结构，在人格有严重缺陷的个案当中发挥作用，使之能够从集体层面而不是个体层面出发，进行精神世界的重建。

> 艾曼纽尔的妈妈在她出生时就去世了。艾曼纽尔从来不认识自己的妈妈。作为补偿，她自小就对圣母玛利亚有着十足的热爱，她崇敬圣母，每当她需要建议或安慰时，她就在圣母面前祈祷。对她来说，这是她生存的方式。她的发现可以填充那个她从未认识的空缺位置，可以填补她一直以来都感觉到的巨大空白。

由于没有亲生母亲，艾曼纽尔求助于一个“原型”母亲，这个母亲对她来说，在象征平面上起着同样的作用，充当着母亲的功能，在她需要的时候，给她带来安慰。

如果原型没有在意识中再认，没有明确地进行区分，诸种原型就会相互影响，并且会以一种夸张和冒失的方式投射到外部。比如形形色色的“偶像”，就被无区分的原型意象所投射，这些偶像既是神也是父亲。

因此，歌手路易斯·维罗莉卡·西科尼——她的艺名麦当娜①为我们所熟知——艺名的选择并不是一个随意的行为。实际上，通过这样的名字，世俗的和神圣的东西都巧妙地交织在一起了。麦当娜很明显地试图激起某些公众群体的迷恋。对这些公众来说，“母亲”意即“妈妈”，对母亲的崇拜与对上帝母亲的崇拜重叠混合在一起，必然会产生出一种极端的痴迷效果。但是，这也可能是由于她自己认同于一个未区分的

---

① 麦当娜即基督的母亲，圣母玛利亚。——译注

模型，她称自己的女儿为露德（Lourdes），似乎证实了这一点。露德是圣母显灵之所，也是天主教最著名的朝圣地之一。

此外，所有原型意象总是有两极：一极为积极，一极为消极——光明的一面和黑暗的一面。比如说，神人“拯救者”与神人“毁灭者”，民间传说当中的善良仙女与邪恶巫婆、神仙与妖怪等等。

使新的可能性出现

集体无意识的内容常常出现在那些生命转折点上，常常使一些新的可能性出现在我们身上，而当时我们对此还一无所知。集体无意识的内容也常常使个体无意识的内容具有一种别样的韵味，赋予了个体无意识一份别样而深刻的意义。这一性质可以解释为什么有时候集体无意识是如此难以理解，就像我们处在某种境地当中完全无力离开。某些重要的东西我们还未能觉察，它们就完全避开我们，不管我们的反对，只是自顾自地展开起来。

罗丽和她的精神分析师的关系极度强烈，她对她的精神分析师有极大的依赖，大大超过了对母亲的单纯依恋。她已经接受分析很久了。一天，罗丽写了一封信给她的分析师，分析师的工作室在雷恩（Rennes）街。但是，毫无缘由地，她将街的名字拼成了“女王(Reine)街”①。看到这一点,她的分析师立刻明白了,在这个女病人持续着的强烈的依恋背后,有一个原型在起作用,它以自己的力量照射着她们的关系,为分析师披上了一些神圣的余晖。

母亲的缺失,让罗丽深受其苦,在她的身上留下了一个巨大的精神空洞。这个空洞只有通过移情,通过那个她所需要的原型才能被填补。也就是说,把在她身上出现的但还未被她认识到的东西提供给分析师,通过分析师制造一个善良全能的母亲——一个女王,然后再通过这个女王让她再一次在精神上成为孩子。

罗丽要求她的分析师为她承受并体会的东西是一种奇特的能量,它既在罗丽自己身上出现,又完全越过了罗丽。一旦罗丽意识到这个新能量,她就能够被它供养,至少部分地被它供养,从而使自己可以利用这个能量,而不是把她的分析师奉若神明。

一般来说,这涉及到一些非常强烈、非常微妙的时刻,所以也不会总是幸运地再次被供养。因为这个强有力的能量是一种原子能量,按照它要行进的方向和我们对它可能的利用情况,它可以表现为拯救性的,也可以表现为毁灭性的。

正是在这些变革的时刻,正是在这些精神发展的构建和

① 这是一个笔误:Rennes(雷恩)与Reine(女王),单词之间的相似性提供了这种笔误可能。——译注

组织阶段，正是在这样的场合当中，才有可能产生所有秩序的“转变”。无论是身体上还是精神上都是如此，比如一场大病必然会使我们的生活模式有所改变，而一个精神上的观点——哲学的、宗教的或者别的——也可能完全改变我们的生命方向。

在复杂的深渊里潜行

因此，在荣格派的分析当中，重要的事情并不是追捕那些我们可能压抑了的幼稚欲望，因为，就像我们刚刚看到的那样，我们试图称之为“幼稚”的东西，有时候和我们认为的童年期的东西完全不是一回事。更为重要的是要分辨出一些存在于我们身上的东西，这些东西在我们身上，但还未出生或者还不能从“原始无意识”当中抽离和区分出来。

因此，在荣格派的分析当中，最重要的工作既不是分析过去，也不是分析对过去的回忆。荣格经常说，只有死去的人才需要用过去来进行解释，鲜活的生命不仅仅从昨日而来，也向着今天和明天而去……因此优先考虑的事情，是面对今天，是发挥我们的潜力，使之“成为”我们的人格。他或者她的未来还蛰伏在他或者她自己身上，它们还不能被实现，除非他们向自性（Soi）①的内心深处潜行，一直潜行到无意识最深处的岩

---

① 荣格派重要术语，本书第十三章将作详细阐释，书后术语表中也有专门的解释。——译注

层，在那里每个人还蕴藏着未曾勘探和开发的宝藏。

但是，必须要明确，集体无意识并不是团体无意识，也不是种族无意识，更不是像某些人想象的那样，是我们通过"遗传"得来的意象储藏库。诚然，荣格告诉我们，它包含着人类的起源记忆，自人之所以为人的一开始，它就把我们放到人类经验的关系当中。但是，这仅仅是说它有这种潜在可能。

就像我们在面对电脑屏幕时，有必要在合适的地方"咔嗒"一下，为了使一个意象出现，或者令一个原型性质的情感能够"表现出来"。否则，这一意象或者情感就永远处在潜在的状态，处在"沉睡当中"，无法在我们的"屏幕"上显现，即在我们的意识之外。离开意识，我们就永远无法将它截获。

这个"咔嗒"一下可以是一个相遇，一次撞击，一场生命当中的特殊事件，它们允许一些表象突然出现，而这些表象可以是情感的范畴、身体的范畴、绘画的范畴，梦的范畴，或者别的。因为，为了抵达我们的意识，为了接近我们，一个原型需要在现实当中有一个支撑。不管是在事情当中还是在人物身上，它首先需要被意象化、被具体化。这也就是发生在罗丽和她的分析师之间的事情。但是，在另一个个案当中，费尔南多·佩索阿非常精彩地描述了他和一个女人的相遇，这一描述是值得细细品味的：

当我一见到她，就坠入爱河；一和她说话，就魂不守舍。她的眼睛就像火焰，燃烧着我的黑暗，火焰的光芒一直蔓延,蔓延到我昏睡之体的最深处。[①]

因为,这正是和原型的相遇才有的情景,这种相遇会突然蔓延到我们生命的“昏睡部分”。在燃烧、迷恋与惊骇当中,在这种相遇当中,原型世界产生出来的无休止的表象会被突然激发起来,活力四射。这就是荣格所谓的集体无意识。

① F.佩索阿(F.Pessoa):《旅行者》(*Le Pèlerin*, Le Différence,2010)。

第四章

梦:内在现实

就像繁枝般开花,心灵创造着象征。

梦是其见证。①

王道

荣格和弗洛伊德一样,都认为梦是接近无意识的"王道"。但是,两者在梦的理解与分析上有着迥然不同的观点,这也是他们理论的一个重要分歧点。

在弗洛伊德之前的科学中,梦被认为没有什么研究价值,是弗洛伊德把它带到科学研究的水平上,就这一点来说,弗洛伊德是有贡献的,是勇敢的。但是,在荣格的眼里,弗洛伊德

---

① C.G.荣格:《人类及其象征》(*L' homme et sse symboles*, Robert Laffont, 1964),第64页。

处理梦的方式太过注重还原。

实际上,弗洛伊德认为,梦是一个被禁止的欲望的实现,这个欲望因为被禁止而被压抑在无意识里。因此,可以推论,当这个受到限制的欲望要再一次来到意识层面时,它只能以一种迂回的方式出现。因此,弗洛伊德认为对于梦,我们要注意到那些隐藏在其中的真实内容。

荣格反对这种释梦的方法,他认为这一方法将无意识过分拟人且过分还原化了。这与荣格对无意识的定义不符,也与他的临床观察不符。因为,我们已经知道,荣格认为无意识是处在"另一种程度上的复杂"。

与弗洛伊德不同,荣格肯定地认为梦"如其所是地表现着内心的现实,而不是那个我假设是或者我希望是的内心现实"①。梦没有打算欺骗我们,不仅如此,它还制造了一幕想象的奇观,它是"无意识想象活动的产物"②,从而让一些新的意象出现。这些意象即使我们一开始不知道它的意思,它们也没什么想隐藏的,而是相反,它们想揭开那些到那时我们还不知道的东西。出于这个原因,荣格反对"自由"联想——说出所有浮现于脑海里的东西——这是弗洛伊德为了理解梦而提出来的。荣格希望以"梦自身"来解析梦,也就是说,将这些梦的意象看作是还没有被意识所认识到的现实。

同时,他很早就认为梦可能包含着一些与性的象征完全

① C.G.荣格:《人类对心灵的发现》(*L'homme à la découverte de son âme*, Paris, Albin Michel, 1989),第 250-251 页。

② C.G.荣格:《心理类型》(*Les types psychologiques*, Georg, 1968),第 433 页。

不同的信息。他曾举例说明,如果一个人做梦,他梦到在拿钥匙开锁也好,梦到在摆弄一根木棒也好,梦到用一把铁锤在敲钉门框也好,这些象征可能都会被考虑成一个性的象征,但是他认为:

> 无意识选择这三个意象当中的一个而不是另外两个,这也有着非常重要与微妙的意图。实际的重要问题应该是要理解为什么钥匙比木棒具有优先性,或者木棒比铁锤具有优先性。而往往这样的问题会引领我们发现:这完全不是什么性的动作,它表示着另一种完全不同的心理情势。①

梦的补偿活动

意识与无意识不能相互独立地进行考察。它们总是要在相互关系当中进行思考。因而,荣格认为,通过梦所表达的内容具有“补偿”意识维度的功能。这意味着,梦永远可以作为被压抑欲望的满足,就像弗洛伊德所说的那样,但是,荣格所说的还具有完全不同的另一种含义。他认为这种补偿现象永远处在动力学的意义上,也就是说,精神具有一种自然的“自我调节”能力。荣格认为,做梦的原因与做梦的目的,前者没

① C.G.荣格:《人类及其象征》,第 29 页。

有后者重要;来访者想说的内容与来访者想在那个确定时刻从我们这里得到的东西,前者没有后者重要。

因此,对应着意识维度的是(这一维度对自我的现实能力要求过多,因为这一维度被过多地固定在单一方向上),“补偿性”的无意识维度。它自然而然地调整创造能量的不平衡,它注意到那一刻的意识维度当中必须对有一些东西进行改变。

丹尼尔第一次来到一个精神分析师的工作室,在此之前,他已经在另一个治疗师那里进行了很长时间的分析,这个治疗师现在不再活跃了,但是他被认为是一个“伟大的分析师”。丹尼尔决定重新开始一次心理治疗,因为尽管进行了多年的分析,他还是常常感到非常不舒服,不仅在他的私人生活中是这样,在他的工作环境中也是如此。

他被一些噩梦折磨着,这些梦都是一些焦虑的梦,多少有点相似。要么是他在一架飞机里面,飞机降落时发生了灾难,他勉强地毫发无伤地跳出来;要么是他从珠穆朗玛峰上,或者从别的什么山峰上非常危险地往下落;要么是他滞留在云端,不知道怎么下来,当他探身往下看时,发现自己极有可能掉下来……为什么这样的梦会出现?它们想要补偿什么?

丹尼尔对他的新分析师说,在前一段治疗接近

> 尾声的时候，在他前分析师的暗示下，有了这样的想法：放弃他目前在一个国际机构里的行政官员工作，而成为一个在他身边的精神分析师，但他很难迈出这一步。丹尼尔花了很长时间考虑这个想法……于是，情况变得糟糕。他的不适感越来越强，以至于现在他无法支撑，特别是在受到这一系列噩梦折磨之后。
>
> 他的新分析师问他，在前一个治疗师那里他付的费用是多少。他听到的回答让他大吃一惊，那个费用是这个新分析师平常所收费用的两倍还多。带着惊愕与困惑，新分析师给他确定了每次分析的费用，为了不让他有一个费用“打折”的印象，新的费用只比他每次交的税稍高一点点，但是，这远远低于他给那个“伟大分析师”的费用。

他的前分析师那里有很多来访者，他由此被认为是一个“伟大的分析师”，这导致丹尼尔自己也膨胀了，也就是说，他处在一个想象的位置上，这个位置过高，与他内心世界的形势并不相配。他把他自己放在一边或者是放在一个高高的位置上，他既处在对他的前分析师的忠诚的冲突当中（他的前分析师曾对他说过，他应该成为一个精神分析师），也处在对他认同的欲望当中（是的，可以成为分析师，并且是“像他那样的”）。他需要从“高处”下来，这个高处，尽管他并不愿意去，但是他还是被推到了上面;他需要回到地面,回到他自己的现实当中。但是我们看到,梦的意象说明,他要下来是多么困难,因为每个尝试都充满危险。但这是必须且重要的。

在开始的几个月里,丹尼尔理解到究竟发生了什么,最后,他能够放弃成为精神分析师的幻想,并且开始认真对待他的本职工作。实际上,他工作得很优秀;他也开始认真对待自己的家庭,很多年以来,作为丈夫,也作为父亲,他都没有找到他在家庭里的正确位置。

象征

象征是一种形式,原型借助这种形式才得以表现。这是一种表达方式,超越了所有可理解的分析,表达着一些还不被我们所认识和理解的东西,表达着还无法言说的东西。正是出于这个原因,象征不可以做任何事先的分析,所有象征词典都是胡说。象征只有具备"孕育着意义"①的能力,才可以充满活力地存在着。如果它已经可以表示某个已知之物,那它也就死了,不再是一个象征,而只是一个符号。

这是荣格派在处理意象时的一个基本态度,在面对梦时,尤其如此。需要接收那些不知道和不理解的东西,也就是说,不要将无意识当中出现的东西"还原"到"已经知道"的东西上面,也不要用任何的解释"包裹"在它之上。要把从无意识

① C.G.荣格:《心理类型》,第469页。

产物当中生发出来的情感保留在其自身之中,要“孕育”这些情感,就像我们说一个怀孕的女人是“孕育”着孩子一样,我们要等待成熟的时机。时机成熟时,这些情感就会试图从我们身上诞生,当然还是诞生在我们身上。

菲利浦梦到他在一个大坝上,他感到眩晕。他的一边是狂躁的大海,另一边是他出生的村庄,山村宁静而平和,他看到一个小孩向他这边走上来,这让他心神不宁,心烦意乱。

菲利浦处在一个职业的转折点上,他很难处理。实际上,他犹豫着是不是要辞去现在的工作。对于要不要离开现在的紧张生活,他深感踌躇,因为这个工作既让他得到巨大的享受,也让他非常疲劳,并且严重影响到他的健康。这个梦表明,他应该下来,从那个他所处的危险而不平衡的位置上下来。因此,在梦境中,一边是发怒的大海,广阔的视野朝他开放;而另一边,舒适与安静的出生地邀请他停下来。

对他出生的村庄和那个五岁的小孩(他从事精神分析工作也正好五年)进行一番分析,具有很大的诱惑力,这样的分析会表明他想要回到过去,回到母亲的怀抱,因此,也就是回到一个乱伦类型的欲望当中。但实际上,这个分析与他并没有什么关系,我们要拒绝这样的分析诱惑。并且与之相反,菲利浦应该回去,朝向他生活中那非常安静、非常安全、也非常简单的一面,那里有一个孩子在等他。但是这个孩子不是一个不能离开母亲的俄狄浦斯式的孩子,而是相反,这是一个"未来"的孩子,他在分析当中诞生。他应该支持着这个未来,直到他成熟,而他只有在他的出生地才能够完成,也就是说,只有在更为安静、更为单纯、更为舒适和更为内敛的环境中才能做到。于是另一种生活方式向菲利浦表现出来。

在这种分析视角当中,梦也可能具有展望未来的能力,也就是说,梦被引导着朝向目标。梦的展望功能也表现为无意识对主体之未来意识行为的预测。在这种情况里,象征的内容也可以包括对冲突的解决办法。①

但是,即使荣格认为这个展望功能构成了梦很重要的一个方面,他也反对这样的诱惑——希望对这个展望功能进行过高的估计,希望尽可能快地看到智慧超凡的无意识的神秘面纱。在远古时代,人们对梦是这样希望的,似乎梦来自"另一个世界"。

---

① 同前注,第213页。

第五章

任其出现

为无为，

则无不治。[1]

意象

荣格从来不用弗洛伊德所用的三个德语名词来命名意象。[2] 他自己使用的是“意念”(Anschauung)这一术语，它的

---

① 老子:《道德经》(*Gallimard*, 1971)。(译注：此句的法语译文为，Pratique Le non-agir, tout restera dans L'ordre.)

② J.纳坦松(J. Natanson)(参见《弗洛伊德和诸意象》,《想象与无意识》,2002/1,第5期)认为，弗洛伊德用三个词:Bild(image,意象),Darstellung(figuration,造型)和Vorstellung(représentation,表象)来命名“意象”。Vorstellung 一词——来自动词 vor-stellen,将重心放在主体的动作上，把想象的客体置于前面。荣格用这个方式表示主体与客体之间有一种完全不同的关系。

意思非常特别,无法用法语来翻译。但是,为了很好地理解荣格及他对意象的描述,也就是他对无意识内容的描述,我们就非常有必要了解此词的确切意思,因为对他个人来说,这个词表达了与无意识保持联系所需要的一种非常独特的方式。

这个词来自动词"anschauen",它的意思是"专心地看",对所看的东西"构成"一种观念。也就是说,我们看的方式是要让我们的"肚子隆起来",让我们孕育,让我们在身上产生某些东西。

因此,荣格尤其看重这样的观点:那些从无意识当中来的意象,那些梦、幻想或者幻觉的意象,不仅不是在欺骗我们,反而为我们孕育着一种象征的意义,这一象征意义寻求"被接受"。以一种极其简单的表达方式,这一象征意义整体而唯一地表达着其本质所在。

我们知道,这一维度与弗洛伊德的维度是相对的,对弗洛伊德来说,最为重要的是要"解析"这些意象,而不是如其所是地接受它们,不把它们归结到隐藏的"意图"上。对荣格来说,他要求自我认输,承认自我不具有主导性;同时,自我整个都在场,并且专心倾听什么东西表现出来了,同时也感受着那些意象在我们身上激荡起的情感。

与无意识对话

荣格的经验

1913 年,和弗洛伊德决裂之后,荣格陷入了一种严重的抑郁与痛苦之中,而这种抑郁与痛苦让他真正地学习到如何倾听无意识。正是这种抑郁与痛苦让他开始与内心最深处保持沟通,内心深处虽然不为所知,但是在那个既有内因又有外因的重大混乱时期,它激励着生活本身。那时,第一次世界大战一触即发,整个世界都陷入一种极度的混乱中。

从那时起,并持续很多年,荣格都被大量的将其淹没的意象所占据。荣格知道如何从中获益,他与这些意象进行了激烈的对话。正是在与这些无意识意象进行的对质与对话当中,他的一些重要概念由此构思完成,也就是说,这些重要概念都是从他自己的经验出发的。他的《红书》[①]收集了他在1914到1930年之间做的很多梦、幻想与幻觉,这本书是他这一时期经历的感人见证,在他回忆录中的《直面无意识》一章当中,他也提到了当时沉下心来所做的那些事情。[②]

积极想象

积极想象是一种方法,它允许我们与意识所拒绝的内容进行交流与讨论,与那些妨碍我们意识行为的内容进行交流与讨论。下面这段话是荣格在他的回忆录中说的,他提到他生命当中的一个重要时刻,那一刻他"发现"了这个方法:

> 正是在1913年基督降临节期间,我决定走出关

---

① C.G.荣格:《红书》(*Le Livre Rouge*, La Compagnie du Livre Rouge, 2011)。

② C.G.荣格:《荣格自传:回忆·梦·思考》,VI,第198-232页。

键性的一步,那一天是12月12日。当时,我坐在桌子边,又一次反省我所经受着的恐惧,这到底是怎么一回事,不过,这次我任由自己从椅子上滑跌下来。

好像地面真的裂开了,于是我掉进了黑暗深渊。我不由得倒吸一口寒气,恐惧至极……我几乎是处在一片黑暗当中……

在我面前是一个洞的入口,这个洞黑咕隆咚的,一个矮子站在洞口……我必须从他身边挤过去,才能通过这个狭窄的入口,我从齐膝深的冰水中蹚过,走向山洞的另一端。

在一块大岩石上,有一块红色小水晶石闪闪发光。我抓住这块石头,把它搬走,却发现它下面是一个空洞。一开始,我什么也分辨不清。但是后来,我感觉到那空洞底部有水在流动。

一具尸体漂过,因为水流把它带了出来,这是一个头发金黄且头部有伤的少年的尸体。接着又有一只无比巨大的黑色金龟子漂了出来。之后,从水的深处升起一轮红色朝阳。

我被阳光弄花了眼,于是我重新把石头放到洞口上。但就在这时,一股液体通过缺口喷涌出来。

这是血水,有一股浓重的血水喷到我的身上,我感到恶心……血水的喷涌时间长得令人无法忍受。最后,它终于枯竭了,这个幻觉也就到此结束了。

在还不了解它,还不知道如何命名它的情况下,荣格第一次做了这样的积极联想。在这段陈述当中,我们轻易地就能看到,这不是一个游戏,而是涉及一些非常严肃的东西,它们触及存在的一些基本问题。这些东西提出了无意识的问题,同时也提出了在“实践当中”如何面对无意识的方式。不过,首先这些东西提出了“意义的问题”。

所以,积极想象的目的是与无意识保持联系,从而让无意识得以表达,丰富我们的意识。与无意识保持沟通,就意味着自由地给它语言,允许意识内容与无意识内容结合,也就是说,允许“矛盾地统一”,让意识的反面(即无意识)自由表达,从而把它统一到意识当中。荣格认为要想“成为意识”,就必须这样做。

因此,这里不牵涉任何意象“产生”的方式,也不牵涉智力或审美的研究,而是优先理解和倾听这些意象质询我们的内容,以便“在生活当中实现它……因为我们屡屡忽视的正是这些”①,荣格如是说。所以当我们面对这些意象时,有一种“伦理的责任”,这些意象促使我们“在我们的生活当中”有所改变,从而把我们引领到新环境当中,这一新环境直到那时我们的意识还完全没有体会到。如果我们缺少这种责任,就会有一些负面的影响被激起,无意识就会起到一些破坏作用,并且同时,“整体的存在感也会丧失”②。

① 同前注,第224页。
② 同前注。

这个“整体”，即意识与无意识的结合，必然会导向一个新的环境——“第三种境界”，它会改变我们看待生命的眼光，改变我们与世界的关系。它会在我们这里产生意义。

在这首个幻想来袭的六天之后，荣格又做了一个决定性的梦：西格弗里德①式的梦。

> 黎明时分，带着来复枪，和一个棕色皮肤的人一起设下了埋伏，荣格杀死了一个金发少年。当时，这个少年容光焕发，耀武扬威，从斜坡上全力冲下来，驾驭着一辆由骷髅打造的战车。荣格充满内疚与罪恶感，因为他毁了这个如此伟大又如此英俊的人物，他自问如何才能抹去这一罪行的痕迹，正好这时，下了一场大雨，杀人的痕迹消失了。于是荣格感到如释重负。

荣格从这个梦里惊醒，他不理解梦究竟想说什么。于是他想继续睡觉，但是一个声音清楚地对他说：“你必须弄懂这个梦，而且要快。”荣格并不十分想这样做，他再次沉入自己的睡梦，但是，这个声音突然再次说话了：“如果你不搞明白这个梦，你应该给自己的脑袋来上一枪。”

因为荣格在床边放了一把装了子弹的左轮手枪，所以他感到害怕。于是，他开始认真地思考这个梦，慢慢地，意义就

① 西格弗里德，德国中世纪的伟大史诗《尼伯龙根之歌》中的英雄。——译注

出现了。尽管荣格非常迟疑，但是在他面前出现的种种时机，还是迫使他面对那些从无意识里强有力地冒出来的东西。那个声音阻止他睡觉，要求他做点什么事情，这其实是要他对抗意识里的欲望，当时这种欲望完全占据着他，让他睡意很浓。这个声音坚持要求他，这意味着，这是涉及生与死的问题。

他必须要理解，那个梦到的少年是西格弗里德——德国神话当中非常重要的人物，这一人物对应着这样的欲望：要把自己的意志英勇地强加于人。而实际上，直到那时，荣格正是这样做的，不仅在他的职业环境中，在他的朋友圈和家庭里也是一样。

他明白，既然西格弗里德必须死亡，这一欲望从此以后不会再出现在他的身上了。几天前在他的幻想中出现的内容，也正是这种情况。从前面的引述中我们知道，那时他看到一具金发少年的尸体在水里漂过。只是这次在梦里有更多的细节，是他自己"有意图地"组织了这次谋杀。这是来自他无意识的强有力的信息。在荣格生命的这个确切时刻，这个信息完全是具有意义的。

但是，从这个信息当中可以得到什么呢？它只是一个简单的意象，让它继续存活着就可以了吗，好像它只是一个纯粹的空想？我们从中得到了什么结论，从而允许生活有一个完全不同的方向和意义？

荣格认为，必须十分认真地考虑这个信息，从中提取一些要给予他的教训。这是他生命的关键转折点。他作出如此的结论:他必须真正地“杀死这个少年英雄”,也就是说,他必须有意识地在实际生活中放弃自我是全能的态度,不能决定一切而不顾其周围人的看法。正是自我忽视了内心世界要对他说的话,内心世界才阻挠和反对他意识里的想法。他没有考虑到他自己的另一部分,另一个处在无意识和漠视中的部分。

荣格已经38岁了。从那时开始,他把无意识要求他做的事情使用在实践中,他辞去了大学里的一个非常重要的职务,辞去了国际精神分析协会主席的职务,也辞去了《年鉴》总编纂人的职务。随后,他又离开了医院里的临床负责人的位置,而专心地把他的精力放在关于无意识机制的工作和研究上。

我们已经知道,荣格认为我们在对待无意识意象时需要有一种伦理的责任。出于这种责任,至关重要的工作是发现这些意象的意义并且让它呈现出来。也就是说,让那些在自性最深处活跃的东西“变为现实”,从而使存在不处于“碎片状态”。

正是从这个时候开始,荣格的工作才真正地开始,他关于无意识机制的研究一直持续到1961年他逝世,时年86岁。

治疗的辅助手段

虽然不能一直都靠这个方法,但它是一个非常有效的辅助手段。心理治疗师可以使用这一方法,帮助他的病人超越某些无意识内容,一般来说,这些内容在恐惧症和强迫症当中更为常见。比如:

艾米丽是一个少女，她长久以来深受蜘蛛之梦的折磨：巨大的、细小的、多毛的、奇形怪状的，等等。而在现实生活中，她也确实对蜘蛛非常害怕，一旦她发现有蜘蛛出现，就非常焦虑。但是她住的房子带有一个花园，因此，实际上在她周围肯定会常常出现蜘蛛。不管在梦里还是在现实中，每次一只小小的蜘蛛出现，她都会很粗暴地把它碾碎，既带有恐惧也带有兴奋。但是，这一行为一直拒绝任何分析。

一天，就像无数次所发生的那样，艾米丽又讲到她的梦，还是关于蜘蛛的梦，它在厨房洗碗池边上，她又准备疯狂地把它碾死，这时，她的治疗师打断她，对她说："不，不要碾死它，让它去吧，问它为什么在那儿，又要到哪里去。"这个不常见的干预让艾米丽一时愣住了。不过，毫不犹豫地，她诚惶诚恐地接受了这个提议，开始了积极联想。

如果是往常，这个蜘蛛肯定会被描述为很大、多毛且恐怖，而这次，它则变得大小正常，多少还有点纤细和"热情"。它一边爬向窗户，一边对她说："我要去花园织一张网，去抓那些蚜虫，它们妨碍你的玫瑰生长。"

她震惊了，完全被这个对她的回答搞乱了，她开始哭泣并且哭了很久。终于第一次，她真正地明白：实际上，她对蜘蛛的恐惧对应着她对无意识的拒绝。

对她来说，蜘蛛是一个负面且危险的母亲。非常矛盾地，在这种情况下，对无意识的拒绝也将她幽闭在母亲的监牢里，把她当成一个危险的孩子。她也明白这个拒绝将她和无意识的另一积极部分分隔开来。这一部分具有修补作用，而这一部分一直在默默地发挥作用，希望她能离开那些幼年的恐惧，希望她能长大并开创生活。希望她的玫瑰最终能开花。

视觉化和直面化

将意象看作现实，这是荣格的一个特殊方法。让意象从无意识当中呈现出来，呈现到意识当中，而意识则完全处在次要地位，也就是说，不先验地分析也不做防御性分析。不涉及理性化，只是单纯的视觉化。

一旦意象呈现，荣格就会主张"专心地看着"它们，然后"直面"它们。就像他在自己的生命经历当中（特别是在抑郁时期）所做的那样。我们从中提取三个词语[1]来描述这个方法，荣格就是这样考虑意识与无意识的关系的：

- 任其出现（Geschehenlassen）
- 考虑/孕育（Betrachten）
- 直面（Sich auseinandersetzen）

---

① 关于这一主题，参见 E. 亨伯特（É. Humbert）的著作《荣格》（*Jung*, Hachette littératures, 2004）。

因此,这就是一个真正地运行在意识与无意识之间的“对话”。这是我们在关于梦的工作和对荣格派的分析当中所发现的。

对荣格来说,意象是积极的材料,它们的出现是为了给意识指示一些到那时还不为意识所知的东西,它们的出现还是为了在当时的形势下产生意义。因此,在意识中“捕获”与在意识中“出现”,前者远没有后者重要。作为携带力比多的形式,意象具有一种积极的根基,因为它,进行人格转变才成为可能。

第六章

成为意识

我首先是医生，职业心理治疗师；

我所有的心理学思考都是经验的结果，

这些经验都来自我日常职业的辛苦繁重的工作。①

荣格所使用的方法，首先来自他的经验，他的那些概念并不是抽象的，也不是僵化不动的。从他的著作中可以看出，它们往往有一个持续演化的过程，荣格毫不担心随着思想的发展，他会说出一些与以前自相矛盾的话。这种思想的迂回发展是了解与研究他思想的最大困难之一，也是大多数法国大学对荣格避而不谈的重要原因。

荣格的思想是一种在巨大的语言文化熔炉里锻炼出来的，从很小的时候开始，他就进行着这样的锻炼：德语、法语、

---

① C.G.荣格：《心理类型》，第 3 页。

英语、拉丁语、希腊语、梵语等等。他对所接触的不同文明社会之间进行对比与参照，这也同样滋养着他的思想。他出生地的地理位置处在国家交界处；他作为无意识的人类学家旅行过许多地方：美洲印地安地区、马格里布、非洲、印度等等。

所以，荣格发表的那些观点，既不是信条教义，也不是抽象概念，他首先注重自己的经验。所有的观点都是长期观察的结果：对他病人们的观察；还有，就像我们刚刚看到的那样，对他自己的观察。当然，为了生活，在某些关键时刻，荣格对自己生命所做的观察，有时候带着颠覆个体的危险。①

自我和无意识的关系

我们已经知道，意识并不总是拒绝和阻止无意识当中的一些内容。荣格认为，它同样——可能还是特别地——接纳无意识当中某些深奥玄妙的内容，这些内容总是来敲意识之门，希望被意识接纳并且在那里找到它们进来之后的正确位置。因为“我们人格的一部分总是会存在于无意识当中，总是在不断成长”②。

荣格说，当然，意识的角色首先需要扩展它的领域，需要在它的整体性和它的“一致性”当中发展人格。这就要使无意识的内容不断被意识到，而这些无意识内容在我们身上被

---

① 关于这一点，参考C.G.荣格的《红书》。

② C.G.荣格：《关于分析心理学的基础，塔维斯托克会议》（*Sur les fondements de la psychologie analytique*，*Les conférences Tavistock*，Albin Michel，2011），第35页。

认识之前,总是首先“投射”到外部,投射到某个人或者某个情景当中。

赫尔夫工作了15年,但他总是觉得和领导相处不来,他总是说这些领导不理解他,对他苛刻,他形容他们“都是些傻瓜”。每次在一个新的岗位上工作不久,他都会碰到同样的问题。一开始,他总是觉得领导有魅力,愿意服从工作安排。但是,慢慢地,关系就发生改变了,他变得与领导作对,具有攻击性。然后,这种敌对就公开化了,最后,敌对变成了不可调和的战争,于是他就离开原来的工作,从而以这种方式在他把“统治者”干掉之前解决矛盾。

赫尔夫没有意识到,他每次都是在重复同样的场景;他也没有意识到,这一场景与他年少时候和他父亲之间的问题具有惊人的相似性。当时,他和父亲打了一架,然后,他就离开了。

实际上,就像年少时期那样,他对自己缺少信心。因为这个原因,他没有办法自我规范,只能表现为对他人的攻击、暴力和不信任。他从来没有意识到,对他领导的控诉,实际上是针对他自己的问题,即他将自己的问题投射到了“领导”身上,让他们承担在赫尔夫自己那里从来没有被认识到的“自卑”感受。

对那些被我们投射到身外，投射到他者，投射到世界的问题进行再认识和再适应，能够让我们既认识我们自己，也认识到他人，能够把这些东西合适地安放在“我们”这里，安放在“这个”现实当中。这是荣格派分析的基本目的之一。

意识的作用是重要的，因为它在与无意识对话当中具有优先权，意识与无意识相互支持，不停维系，这不仅因为如此有利于身体与心理的健康，同时也有利于个体演化的目标。但是，不存在没有主体的意识，即不存在没有自我的意识，自我是意识的中心。一个有能力的自我应该具有“评估”形势的能力，能成为对话的一方，能和反对方对质，从而致力于在当前的各种力量之间再建立起完善的平衡。

但是，自我并不是“整个人格”的中心，荣格认为整个人格既是意识的也是无意识的。自我仅仅是意识领域的中心，但“在黑暗事物的海洋之上，只有一丁点意识漂浮着”①。整个人格的中心是一个“可假设的”“潜在的”场所，在那里，同时存在意识与无意识这两个相互矛盾的面，而且在那里，两个面能够相遇和结合。荣格称之为“自性”。

---

① C.G.荣格：《关于分析心理学的基础，塔维斯托克会议》，第34页。

自我及其幻想:情结

为了弄懂精神的功能运作,荣格并没有参照一个事先假设的“正常化”模型,因为这个模型可能理想化地避免了所有不良运转的功能。非常矛盾地,荣格从观察心理病人开始,思考着这个功能运作,使用的术语也是“能量平衡”而不是正常化。

在伯格尔兹尼医院,荣格从住院实习医生做起,直到主任医生,差不多工作了十年。他观察了大量三教九流的病人:男人、女人、孩子、夫妇、家庭、兄弟姐妹、城里人、乡下人、受过良好教育的人、文盲。为了预测精神分裂症病人病因的起源,他对他们做了词的联想测验;然而很快地,他把这个方法用到了所有病人当中,还包括病人的亲人。于是,荣格发现,正常与病理的界线非常模糊,与其说某些精神现象的表现会形成差别、会造成混乱,还不如说这是正常精神现象的强度增加而产生的结果。

从雅内和莫顿·普林斯[①]的工作当中得到启发后(关于雅内,我们知道荣格还曾在巴黎跟随他学习过),荣格观察到意识有一种自然的分化倾向,但这不是根据它是否一定是病理化的或者不正常的。这个分化在某些精神内容的影响下发

---

① 莫顿·普林斯(Morton Prince,1854-1929):深受法国心理学影响的美国精神病医生,美国心理病理学的创始人之一。他对复杂人格的分化与障碍现象有着非常重要的研究。

生，这些精神内容是在受到情感冲击或者创伤之后被抛到无意识里面的内容。在无意识当中，它们处于一种自主的状态，而对自我来说，这些内容多多少少都是些恼人的干扰性内容。荣格称这些内容为一些“情感的情结”。

在“拟人化”形式下，正是这些内容再次来到表层，这就是精神分裂症中胡言乱语的起源，是病人幻听的起源，也是病人在散步的过程中遇到国王或者公主这一幻觉的源头，或者是夜晚在他的房间里出没的鬼魂的源头。荣格说，这些东西看上去是荒谬的，“但是，实际上，它们存在于每个人的心中。其实，我们在心理疾病患者那里发现不了任何新东西，也发现不了任何不熟悉的东西，只是发现了我们内心的基质及一些我们所有人都面对的重要问题之母模”①。

还是一个孩子的时候，托马斯轮流住在妈妈和爸爸家，而他的爸爸是一个工程师，总是用理性思维解释所有的事情。但是，有时候在夜里，这个男人无法入睡，他非常奇怪地在床上呻吟哭泣。于是他就叫醒他的儿子，让儿子来到他的枕边。

托马斯不仅非常害怕看到爸爸这个样子，而且，因为不知道发生了什么，他产生了一种强烈的负罪感，觉得爸爸之所以如此是因为他的过错，他没有做某些他应该做的事情。他感到应该对他爸爸的痛苦

① C.G.荣格：《心理疾病的精神起因》，第220页。

负责，他幻想着治疗爸爸；但是同时，他又有一种彻底的无力感，因为他完全不知道应该怎样去做才能达到这一点。

托马斯现在在一所大学里教授生物化学。对于这门科学，他完全能够胜任。但是，当他给学生上课时，常常有一种十分强烈的崩溃感袭来，尤其是当那些学生是一些为了专业转型而来学习的成人时。

往往在这些时候，托马斯突然开始怀疑自己，他很焦虑，深夜会醒来，上课时说话也非常快。但是，他又认为他有责任要解决他的学生遇到的“所有”困难，并且改正“所有”问题，对此他深感任重道远。反过来，这些感受又像是无法完成的任务，进一步使他难以忍受。

这些时刻如同童年那样，托马斯是在“重新回味”曾经与父亲构成的创伤性关系。这是一个关于父亲的情结。这是个**自主**的情结，是处在无意识当中的，它把其行为与意识割裂开来。在某些关键时期，它们又回到表层，这就打扰了他的意识生活，把他放回到他作为一个小男孩时曾经历过的同样的恐慌和无能当中。

同样，我们也可以说我们前面提到的赫尔夫也是这样，他也不停地被他的“父亲情结”造访和打扰着。

同样的内容也出现在精神分裂症和神经症病人那里，干扰着人们的精神世界。但是，在精神分裂症那里，情结形成的力量导致一种不平衡，以至于引爆自我，让自我的凝聚力消失；而在神经症那里，自我对意识保持着不同程度的控制，至少对意识有着部分控制。“人的意识领域越受限，精神内容……就越是在他之外……表现出来。”①

弗洛伊德只在讨论俄狄浦斯情结和阉割情结时才提到“情结”一词，但是荣格认为“任何情感事件都可能变成情结”②，以至于干扰我们的情结可能有复杂的来源：父亲、母亲、兄弟姐妹、自卑、权力，等等。

---

① C.G.荣格：《自我与无意识的辩证》，第134页。
② 同上，第86页。

第七章

我们个人自身的等式

在心理学中也存在着个人自身的等式，
就像在心理生理学中一样。①

荣格指出，外部世界在癔症患者和精神分裂症病人那里所占据的位置是不一样的。为了更好地理解每个个体的反应与态度，荣格对他的观察进行了归纳：一方面，总结个体自身内部的反应与态度；另一方面，也总结个体对他与他人之间关系的反应与态度。这也是为了更好地理解思想、信仰和观点的各种形式，这些形式同时存在并且没有高低之分。也就是说，根据个体纷繁的复杂性，荣格建立起不同的类型(typiques)。

按照不同的类型对人进行分门别类，这种想法肯定不是

---

① C.G.荣格：《心理类型》，第12页。

荣格的意图。因为自希波克拉底以来,人们从未停止做这种尝试。这样的分门别类,是按照事先的分类标准,将人进行简单归纳的分类学。如果把荣格的心理学看作是这样的分类学,那就是一个错误。荣格使用的方法,对他来说是真实可靠的,它首先是“复杂的”,不能进行任何形式的简化,即使我们有时候希望在某种环境中具体运用他的心理类型。

人皆有类型

荣格认为有两种根本类型影响着我们的行为和我们与他人的关系:内倾与外倾。

对于外倾的人来说,外部世界是第一位的。首先,所有他自己的能量都被引向他本人;同时,从他与他人、事件和世界的关系中生发出来的能量,也引向他本人,进一步滋养他自己的能量。

内倾的人则相反,内部世界是更为重要的,内部世界滋养着他。他的思想、反省和感情产生他所需要的重要能量,这些能量也反过来滋养他的内部世界。

丽蒂亚刚刚产下一对双胞胎,她吃惊地发现,这两个孩子的行为异常不同,尽管在外貌上他们极其相似。保罗,当他饿了的时候,他就极力地表现着他的需要和他的不高兴,他哭喊的声音洪亮,在房子外面都能听得到。一旦奶瓶来了,他就紧抓不放,脸色绯红,贪婪地吸着奶水,两眼像是要把妈妈吞掉。

路易则相反,最多就是低声啼哭,没有其他的表达形式。当奶瓶来了之后,他当然也会带有极明显的陶醉神情去吸吮,但是两眼显得视若无物。毫无疑问,他更为专心品尝着他吸入的奶汁,但是显然,他的眼神说明他对于内部快感强度的关注,胜于关注母亲。

这就是两种有着鲜明对比的态度,在这里,他们自一出生就表现得非常明显。这就是对待事物与他人的两种典型态度,即以两种不同的面孔面对事情与外部世界。

适应环境:功能

荣格还观察到在思考问题、安排事情以及与他人打交道或者理解世界时,每个人都有一种偏爱方式,作为意识里两种倾向的补充。

于是,荣格分辨出四种功能(fonctions),它们对两种基本类型进行补充,并且是两两相对的:

- 思考(pensée)与感受(sentiment),这是两种理性功能。从它们具有“判断”能力的意义上讲,前者是“客观的”,后者是“主观的”。

● 感觉（sensation）与直觉（intuition），这是两种非理性的功能。从他们具有“觉察”能力的意义上讲，只具有当前的觉察能力或者可以超越时空进行觉察。

当一个人“思考”时，他不能同时感受，否则他的思想就被干扰了。同样，一个人要通过他的感受进行评估时，他就必须与思考保持距离，因为这两个功能不可兼得。当然，我们不能说一个会思考的人便无法感受，而偏爱用感受进行判断的人就不会思考。

同样，感觉与直觉也是相对的。研究者不能一边观察什么在他身上发生，对发生的影响进行详尽的描述，另一边又试图捕捉周围发生之事的细节。他的眼睛只能聚焦在一点之上。此外，荣格对按直觉行事的人有如下论述：“这样的人，总是往地里撒种子，但是在谷子成熟之前，他又跑去另一块地里撒种子。他总是在他的身后留下耕作过的土地，在他的身前播下刚形成的希望，但是，最后他什么也没有得到。”①

在这个意义上，这两组态度是不可兼得的。

这些不同的态度决定着自我适应外部与内部世界的形式。它们在外倾与内倾类型的人那里都有表现。但是，这两种类型，不管这四种功能如何和它们结合，它们相互之间都不存在谁比谁更好。它们仅仅是让我们成为不同的人。

---

① C.G.荣格：《关于分析心理学的基础，塔维斯托克会议》，第32页。

复杂的联合

主导意识的功能被称作“高级的”功能，而反对意识的功能因此就是无意识的，并且其功能性是很弱的——在这种情况下，我们说它是“低级的”功能。于是，如果我们把这四个功能一个一个地放到合适的位置上，再与自我的外倾与内倾相搭配，那么我们就有了八种功能类型。

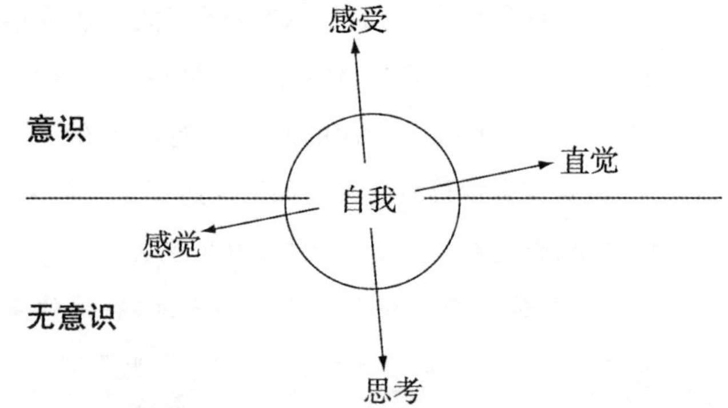

比如，如果一个人是外倾类型，而按照这个图式，他的感受功能又被极大地发展了，那么他的感受功能就是他在生活中偏爱的行动方式，而与感受功能相对的思考功能则是无意识的，基本上没有被分化，这一功能将表现为内倾模式。

如同在这个图中表现出来的那样，这时他的直觉功能也处在意识中，并且这一功能也是外倾的。那么我们说他的直觉功能具有“辅助性”，因为，在他与世界的关系中，这一功能处在次高级功能位置上。同样，在这种情况下，与直觉功能相对的感觉功能，就是无意识的且内倾的，而且也是次级辅助性的。

> 艾莉西亚，35岁，在一家广告代理公司工作。她是外倾类型的，“感受”和“直觉”占优势。她是一个非常热情的女人，喜欢与人交往，朋友满天下。每个人都欣赏她的交际能力和工作能力。当她在公司的时候，没有人能忽视她，因为她总是从一个办公室到另一个办公室，极大地带动着气氛。她不停地带劲地说话。她给人的印象就是大声地思考。有些人认为她很肤浅，不愿意和她一起工作，因为她总是在没有想好之前就开始行动，这给工作团队带来了很多麻烦。何况，艾莉西亚是个不爱收拾的人，她从来不知道她的文件放在哪里，要么是弄丢了，要么是忘在家里或每日例会上。

因为她的“思想”与她的“感觉”很少得到发展，这个年轻女人在专注完成一项任务时肯定会有困难，她没法给人一些可靠的感受。当她坐在车子的方向盘前时，她可以同时分辨上千种事物，不管是车内的，还是车外的，而当她把她的转弯灯打向右边时，她却是想向左拐……

我们现在来看看内倾的人，他的两个在意识里的功能是思想与感觉。

布鲁诺是信息技术研发人员。他在实验室里制造一些非常复杂的机器。他是个内倾的人,他只和自己的“思想”工作,而很少和同事交流。他基本没有朋友,因为他最大的快乐就是专注地坐在电脑前面。当他的妻子和他说话时,他总是沉默,因为他常常需要在回答一个问题之前思考很久,即使是一个很平常的问题。妻子认为他没有听,实际上不是这样的,他仅仅是需要时间来酝酿自己的回答。同样,当他们邀请朋友来家里时,布鲁诺只说他非常在行的东西,比如人工智能之类的,往往碰到这类话题,他可以突然变得口若悬河,滔滔不绝,一打开话匣子,就会说上几个小时。其他时候,他就不说话,只是听。他的“感受”在无意识里,无法感受别人,别人并不是他倾吐的对象。他在和他人交往时有困难,社交活动让他烦透了。某些人对他也很反感,因为他们发现他是冷漠的、不理人。他妻子对他的印象让他寻思良久……

在布鲁诺这里,思考与感觉功能运行在内倾模式之上,因为这些功能被内部世界供养着,又反过来供养着内部世界。于是,在无意识里,感受与直觉就以非常造作的方式表现出来,并且是外倾的,比如我们刚才看到的,当他被他所感兴趣的话题激发起来的时候,布鲁诺也会在公众面前独占话语。

片面化的危险

还是要说,没有什么组合优越于另一种组合。这里只简单地谈到了理解现实的不同方式,以及与他人沟通的不同方式。每一种组合都有一些优点也有一些缺陷。但是,极大地将功能进行片面化处理,则可能会带来意识与无意识之间极端的对立,在两者之间引起过度的紧张。比如,行事时从不利用其辅助性功能,或者一个外倾或内倾的人很少或从不让他的另一面得以表达。如果这样,个人自身的等式就变成了不等式。

比如,在癔症患者那里,常常会发生这样的事:过度地牺牲内倾,以此为代价换来外倾超强的存在。因此,癔症患者将所有存在的东西都投射到外界、投射到他人身上,或者说投射到世界中。所有属于主体的东西都已经不再是主体身上的"内容",这就如同我们把一个手套翻过来,其内部露在外部。相反,精神分裂症患者完全生活在其内部世界,与他人及世界的关系被割断。

在这两个极端点之间,当然有着很多种可能性,它们并不是病理性的,但是也有可能给人格带来不平衡,陷主体于困难之中。比如,某人只以"思考"功能行事,只以一种完全去除"感受"的冰冷逻辑来判断事情;或者,另一个人以牺牲"感觉"为代价,极度发展了他的"直觉",也就是说,对现实关系非常敏感。

此外,对外倾型的人来说,内倾型的人可能表现得冷酷、有隔膜感和自我中心；而外倾型的人本身则总是热衷于打理与他人的相互关系，这有可能被内倾的人看作是一种侵犯。

同样，一个“感觉”功能得到极度发展的人，如果以片面化的方式行事，则可能在某些人眼里表现得非常世俗；而一个按直觉行事的人，如果没有充分地发展他的“感觉”功能，则可能被人们觉得是加斯东·拉加菲①或者尼布斯教授②，他们生活在现实之外。

我们和他人

因此，知道我们每个人“自身的等式”，对于我们与周围的人进行日常的交往至关重要。这会让我们能够对他人有一个很好的理解，也对不同的人持开放的态度，而不是武断地评论他们。武断的评论常常只会伤害他人，让关系更加复杂化。我们常常很难理解和接纳与我们行事方式不同的人。

在家庭里，知道我们的等式也会有很大的用处。常常一个孩子出生之后，他会带着一种与父亲或者母亲相反的类型，因此，他的父亲或母亲可能会认为，这个孩子有着令人担忧的古怪行为。

当然，我们自然是偏爱那个与我们行事方式一样的孩子。

---

① 加斯东·拉加菲(Gaston Lagaffe)：比利时漫画家安德烈·弗朗坎创作的著名漫画人物，爱睡懒觉和搞些小发明，但都是搞笑且不切实际的。——译注

② 尼布斯教授(Professeur Nimbus)：法国漫画家安德烈·戴克斯创造的著名漫画人物，爱做一些“搞笑”的冒险，现在他成为离奇科学或者无意识科学的代名词。——译注

而如果相反,我们则可能认为他有一种隐藏的怨愤,甚至有一种对他人的拒绝,我们对这些与我们相反的反应和行为大为苦恼。但是,要知道这个孩子并不是特意地试图和我们作对,或者以个人行为攻击我们,而仅仅是因为他与我们不同,这不仅在我们处理和他的关系的过程中非常有用,而且同时也能帮助我们自己以另一种方式对待他人,对待世界。

在兄弟姐妹之间也是这样。兄弟姐妹之间的矛盾冲突可以解释为他们个人之间的等式过于对立。因为这个原因,所以有些事情就非常重要,比如当外倾型的孩子总是大声说话,把门弄得很响,或者把他的房门敞开为了让别人也能听到他非常喜爱的音乐时,就应该教会他:尊重他的姐妹所希望的安静的要求;或者让他明白,他内倾型的兄弟偏好安静地在房间玩电脑游戏或者看书。

同样,让内倾型的孩子理解一些东西也很重要:他的兄弟更爱去和同伴踢足球,而不是和他下强手棋或者做智力问答游戏,这样他就不至于感到被拒绝,也就不会感到自己很悲惨。

荣格派分析关注精神世界的动力方式,但却不是为了开创一门自我心理学,它的目标之一在于:平衡不同的功能在无意识和意识当中的位置。慢慢地,原先的基本功能就会失去它的重要性,被解放的能量将在交流当中滋养那些还处在无意识里没有被发展的功能。

这样的再组织会给自我极大的韧性,使自我能够在意识中掌控各个两两相对的张力。

第八章

存在与表现:人格面具

我们都是些角色,我们都扮演着
自己的角色,或好或坏①

类型与功能和个体有着紧密的联系,与此不同,人格面具是一种适应世界的设置。② 我们根据自己与环境的关系来发展人格面具,从而让它扮演一个保护者的角色,甚至在某种情况下扮演一个防御者,对抗着我们周围的世界。

荣格选择"人格面具"时,考虑到了其中面具的意思。古代戏剧能够让演出者戴着面具伪装声音(per sonare,从面具底下发声),通过表现剧中人物的一些特征来确定人物角色,比

① 皮埃尔·雅内:《人格的心理演化》(*L' évolution psychologique de la personnalité*, 1984)新版,见 1929 年法兰西学院的演讲记录,第 181 页。

② C.G.荣格:《心灵与自性》(*L' âme et le soi*, Albin Michel, 1990),第 28 页。

如宙斯有浓密的胡须，表示着他的威信与权力，比如美杜莎，满头的头发都是毒蛇，让人不寒而栗。还有一些立即能让观众明白的集体符号，这些符号无需解释，能立刻建立起背景，直接让观众产生共鸣。

从很小的时候开始，蕾蒂西亚就在建构一个人格面具，从而适应其父母的愿望。对她来说，唯一的办法就是顺从他们，如此才能够感觉到自己被他们爱着。她是一个小小的模范女儿，她必须穿着她妈妈买的美丽的带有褶饰的裙子，看起来像个布娃娃。她必须总是向她父母的顾客和朋友问好，她必须作为唯一的孩子和一大群抑郁的大人们吃晚饭，她的言谈举止必须适当得体，当然，她在学校里的成绩也必须是好的。因此，在学校里，她总是坐第一排，温文尔雅，很懂礼貌，从不弄脏自己的裙子。但是，在她内心深处，她只向往一件事：和乡下的孩子们一起爬树、玩耍，她觉得她和乡下的孩子更亲近。

15 岁时，她开始对所有人撒谎，当然没有人会怀疑这个乖乖女的话，蕾蒂西亚绝望地尝试着摆脱她的镀金牢笼，但是，她只得到与她的美好意象相反的东西：离家出走、纵情性欲、放荡的生活，等等。蕾蒂西亚非常向往一种她内心深处所希望的生活，但是在现实中却相反，她被塑造得非常狭窄，而这种塑造自她小的时候就潜移默化地开始了。也就是说,有另一个面具,它直接反对着第一个,她有着另一个人格面具。

在这种情况下,她内心最隐私最真诚的部分从来没有真正地表现出来。真正的蕾蒂西亚总是躲避着她自己,也躲避着他人,以至于到了30岁,不管是在她的职业生涯中,还是在她的个人生活中,她要么表现得像个不独立的顺从的女人,要么像个厚颜无耻的人。

她的两种态度、两个假面具,实际上都不是真正的她,但是它们是集体符号下的演出面具。从某种程度上说,在她的内心深处,存在着一个完全不同的人物,但是这个人物从来没有露出她的真容。

在人生舞台上,我们也表演着许多角色,当这些角色和我们真正相互交融时,它们就可以让我们成功地认同我们自己,相信我们自己。我们建构的人格面具为我们服务,保护深处的自性,因为我们感到或者认为在面对外部世界时,自性太过脆弱。但是,在绝大多数时候,正是在保护我们自己这最隐私的部分时,人格面具阻止了我们看清和实现我们之真正所是。

“人格面具只是一个面具,它遮蔽着建构这个面具的一部分集体心理,同时,也允许了个体的幻觉……在这一面具下,行为举止总体上屈服于集体精神的强权。”①

交流的工具

但是,在某种情况下,人格面具也有适应调节的能力,有利于交流。比如,医生就需要寻找一种既是人性的也是职业的方法来对待他的病人,而不需要向他们进行过多的个人解释。比如老师和学生,或者社会生活中的某人,当他需要和他人进行交流时,无需把他的隐私和感觉向每一个人敞开。

在这个意义上,人格面具不是作为一个防御建立起来的,它是一个珍贵的交流工具,可以在社会交流中带来方便。不过,一个确定的人格面具在社会关系中可能既是有用的、必要的,但也是重要的阻碍,不可能给隐秘的生活带来任何真诚的人际关系。

人格面具会给某些“假自我”提供保护,会阻止他们与他人保持一个真正的关系,摧毁这样的人格面具是自性化的重要步骤,也是抵达自性本身的重要步骤(参见第十三章)。

---

① C.G.荣格:《自我与无意识的辩证》,第84页。

第九章

挑剔邻人

黑暗……是一扇窄窄的门，
它让人痛苦窒息，
不会放过任何陷入深井中的人。①

勃朗蒂娜,32 岁,法语教授。虽说她已结婚有段时间了,但是她的生活还是和世界保持着距离,她总是找不到一个和她相配的人。她总是沉浸在一些深奥难懂的文本中,总是一个人去看她感兴趣的展览,因为如果有人陪她一起,陪同者的一些无关紧要的评论会惹她烦躁。同样,她也总是一个人去看电影,因为那些她感兴趣的电影,她的亲人们既看不懂也不欣赏,包括她的丈夫。这就是为什么她与他人保持距离,因为她认为还没有人能达到她的精神境界。但是有一天,她做了一个梦:

① C.G.荣格:《意识之根》,第 35 页。

我正在睡觉，但是被一束炫目的光给弄醒了。我感觉，我一个人在床上，在一个全白的房间里，房间位于房顶之上。四周墙壁、地面、天花板、窗户，所有都是白色的，光线是通过窗户进来的，耀眼炫目。我醒来，穿好衣服，下楼。

我发现自己在一个屋子里，里面还生活着其他的人。到了楼下，我碰到一个我以前的女学生，我不喜欢这个学生。她向我解释，她和一个男人住在这里，她以前结过婚，有过一个孩子，但是她后来离婚了，等等。我很吃惊自己会出现在那里，觉得那里不是属于我的地方，我对这个女人感到很气愤。

于是我离开屋子。我走在街上，碰到我的姐姐，她叫住我，对我说，我必须赶快过来，因为“他们”为我的生日准备了一些东西。她让我心烦意乱，但我还是跟着她去了。于是，我们进入另一个屋子，我的姐夫和别的一些人已经在等着我。这是一个庆祝会，大家跳一些沙龙舞。每个人都很高兴，很可爱，除了我父亲，他在一个角落里忧伤地喝着他的菜汤。我变得更加烦躁，对所有的人发火，因为我讨厌沙龙舞，我不希望他们为我庆祝生日。于是我又一次离开，走到街上，但是不知道要去哪里。我感觉我非常生气。

黑暗与身体

在勃朗蒂娜的梦里，她首先在“楼下”碰到一个以前的女学生，然后碰到她姐姐，她不喜欢姐姐的生活风格，觉得太过平庸，太过世俗。通过相同性别的人物的一些特征，黑暗面①向她展示出来。黑暗面实际上是某个表现着其所有负面内容的人。我们不能在自性本身上表现这个人，所以就把它驱赶到或投射到外部某个同性别的人身上。我们就是这样把一些让我们不舒服的东西从我们身上清理掉，而把我们希望自己保留的完美又理想的幻觉保留在自己身上。在勃朗蒂娜那儿，这些幻觉由耀眼的白色所象征。黑暗面与理想面相对立，我们尝试着将黑暗面表现在别人身上，但是荣格说：它是“完美幻觉的解毒剂”②。这个被忽略的低级的原始自性无法适应的部分，隐藏在自性本身或者他人身上。对于这一部分，我们不想看也不想证实，而通过投射的方式，我们总是倾向于把它归结于他人。这就是俗语所说的，我们看到邻人眼里的稻草而看不到自己眼里的铁棒。因此，当某人激怒我们，不管是在梦里还是在现实生活中，这都很有可能是因为他表现出了我们自己的黑暗面。

---

① L'ombre，在法语当中有阴影、昏暗、黑暗之义。该词经常被精神分析学家用来指我们精神与身体世界当中的未知部分。为了强调这个词因为“黑暗”而产生未知的意味，本书当中大多数情况下将该词翻译成“黑暗(面)”。——译注

② C.G.荣格：《心理治愈》，第44页。

认识不到我们的黑暗面是一种自我的保护方式。但是，这也让我们丧失了自己的深度和真实。因为黑暗面是不被经历的，它与生命的冲动保持着距离，但它又希望与意识相整合。我们的黑暗部分根植在我们真实存在的身体当中。

勃朗蒂娜拒绝生活在“极度平庸”中。在她的梦里，她躲避在最高处，在一个洁白无瑕的房间里，处在平常人的普通生活之外。与此同时，她也生活在与他人的关系之外，生活在一些困难之外，这些困难是两人生活时可能会有的：面对差异、生活乏味、夫妻不睦、失败、错误、离婚，等等。她也生活在生命的冲动之外，缺少很多生命的表现：愉快、生活的欢乐、忧愁、愤怒，等等。总之，勃朗蒂娜拒绝鲜活的生活。她只依赖精神，她抛弃了我们之所以为人的另一部分：身体。

因为黑暗面向我们讲述我们的身体，讲述我们所存在着的这低级又古老的部分。荣格认为这相当于我们的某些部分还像甲壳虫或者蜥蜴那样生活着，他认为这对应着我们的“交感心理”或者说我们的“脊柱心理”。[①] 黑暗面导致在躯体化的过程中产生现实危险，当我们发现其处在“狭窄的通道”上时，在黑暗面起作用的时候，它会让幻觉碎片化，并与自我脱节。

但是，不管我们愿不愿意，这个痛苦的经历，都迫使我们正面关注我们的现实，都迫使我们接受自身的黑暗部分，从而与我们原始的存在有所接触。

---

① C.G.荣格：《人类对心灵的发现》，第 297-300 页。

20世纪初,荣格所做的关于词语联想的研究,让他发现身体与情感区域存在着紧密关系,并促使他将这一关系置于突出位置,即将身体与精神两者之间的关系置于突出位置。正是出于这个原因,荣格一直以来都坚持认为:在身体与灵魂、肉体与情感的两极之间,建立能量平衡是异常重要的。在这个意义上,我们可以说,荣格是我们今天的心身医学(psychosomatique)的先驱者。

黑暗的积极面

尽管黑暗代表"没有经历过"的东西,但是,它不一定都是负面的内容。它也有可能代表着,在生命的某个时刻,我们从不敢也从没有勇气在我们的自性那里发展的东西,以至于在别人那儿看到这些东西,也会唤引痛苦的创伤。这些创伤对自我来说,都是难以承受的,所以自我会立刻否认和拒绝它。

> 皮埃尔的情况是,他在进行艺术的技术支持工作时有困难,他没有办法支持那些艺术家,他觉得这些艺术家完全没有责任心,还会突然攻击他,蔑视他。直到有一天,他记起小时候,他很爱写一些诗歌和故事,作为绘画作品的配文。实际上,他非常愿意研究文学作品,因为这给他带来很多快乐,是唯一让他真正感兴趣的事。但是,在他的家庭里,这完全是

不可想象的，大家瞧不起他的那些东西，认为做这样事的人是“废物”，会“一事无成”。皮埃尔说，在管理委员会开会的时候，他常常在笔记本的空白处画一些东西自娱自乐。由此，他意识到，他觉得那些艺术家对他作这样那样的批评与蔑视，实际上是因为他曾经非常想做的事被他“放逐”到内心之外了。于是，他又尝试着有意识地画一些画，是“真正地画”而非如他之前所说的仅仅是“自娱自乐”。他感觉到一种真正的快乐，有一种解放的感觉。不久，在一个朋友的鼓励下，他又在一家写作社报了名，在那里遇到一些与他非常不同的人，但他很自然地就接近了他们，发现他们非常有趣。这给了他很多可能的机会，表达了深埋在内心深处的感受与情绪。这些新活动让他感觉良好，他又重新找回了童年的创造能量，改变了生存与行事的方式，而这也有益于他的工作。

“和自性本身相遇，首先是与自性的黑暗面相遇。”①

蔑视创造者表明着有一个强迫性的通道存在，通过这个路径，皮埃尔排遣着他的痛苦，因为他的家庭反对他想做的事，于是他感到痛苦和受伤。通过分析，他能再次认识、再次触及他内心深处的梦想。因此，辨识他的黑暗面并且加以认同，他就可以发展之前始终被他自己忽视的部分。

---

① C.G.荣格：《心理治愈》，第34页。

第十章

夫妇及其奥秘

"如果灵魂不在了,没有什么能
把人从愚蠢中拯救出来。"①

乌戈,一个四十多岁有活力的管理人员,在一次从索菲亚飞回巴黎的途中遇到了茱丽亚。几个小时的旅行,乌戈与茱丽亚相谈甚欢,茱丽亚被这个生活在巴黎的外国帅哥的魅力迷住了。在机场分别时,他们相互留了地址与电话。隔天开始,乌戈就让人送花给她,她说她很感动,很礼貌地表达了谢意,但是没有说更多的话。一个星期过后,乌戈实在坚持不住了,于是想找个理由再见一面,于是乌戈再一次

① C.G.荣格:《夫妇的秘密》(*Mysterium conjunctionis*, Albin Michel, 1980),卷 1,第 214 页。

给她送花，她接受了。这次他提出这周的某一个晚上去一家餐馆共进晚餐。约好的日子到来，乌戈非常高兴地来到她家，带着鲜花、香槟和他花了大价钱买来的小礼物。乌戈并不了解这个姑娘，和她顶多是在飞机上说了两小时的话，但是他被她迷住了。在从索菲亚回来之后，他来到他的精神分析师那里，在分析当中谈到她。他完全变了，几乎处于另一种状态，因为他非常确定，他终于遇到了“他生命中的女人”。这样的女人，他已经等了很久，他要抹去他曾经经历的失败爱情，他要填补感情的空白。

希腊人崇拜宙斯，他是救赎神与保护神，众神之王；也崇拜阿佛洛狄忒，她是美神、爱情女神与性爱女神，她生了爱神(Éros)。罗马人则崇拜朱庇特与维纳斯，在罗马神话当中，他们具有对等的位置。我们看到，这里提到的都是一个与“他者”的相遇，我们都像乌戈，在我们身上激起的情感常常会抓住我们，超越我们，完全就像希腊罗马诸神的故事那样。

男性、女性

每个人都具有男性的和女性的成分，这一事实在中世纪之前不久才被证实。但在中世纪的时候，就已经有了这样一条谚语：“每个男人身上都有一个女人。”

有很多胎儿发育的迹象表明,在很早的时候某一性别就自然地停止发育,这是为了我们能很准确地确定我们的性别:男性还是女性。但是,这些早期迹象以一种胚芽状态一直保存在我们身上。据此,荣格确信,我们每个人身上都有一种与自身性别相对的性别。

尽管这个相对性别的发育在早期就中断了,但是它的一些特质一直都存在于我们的细胞中。尽管其分量极少,但它还是活跃的,不仅在我们的荷尔蒙系统中,也在我们的无意识系统中。因此,这个相对性别在我们的精神中建构了一个潜在的位置,它以自己的方式期待着被认识,期待着知道它之所是,也期待着在我们的生活中占有一席之地。

在我们的一神教与父权社会里,与性别有关联的专门属性显得极其明显。诸如,男人应该是“雄性的”,即强壮、积极、勇敢、理性、有责任感,特别是男儿有泪不轻弹。女人则应该是“阴柔的”,也就是说,应该易感、贴心、温柔、脆弱、充满感情、自谦、敏感等等。

诸如我们经常听到“小伙子,不要像个娘们一样!”“要勇敢,这没什么可怕的,更用不着哭了”,等等。从小的时候开始,哪个男孩没有听到过类似的话?毋庸置疑,今天在数不清的场合,这样的话还在继续着。法国作为一个欧洲国家,在其政府当中,只有少数的女性在工作着,法国企业的领导或高层管理人员也只有少数是女性。其他职位也有着同样的情况,法国女性的薪金平均要比男性的薪金低30%。

我们可以理解在这样的环境中,男人的女性部分很难得以绽放:哪个男人愿意发展这个在他身上并不重要且不是很有价值的部分呢?或者,正如某些女人所说,当今的"女权运动者"都只是一些请求狂患者,她们是在和男人进行疯狂的竞争,努力寻找她们的正确位置,寻找那些她们认为自己在这个社会应得的位置。

但是,荣格断言:"如果感受不到相异性,任何意识都是不可能的。"①

阿尼玛,男人的女性

我们在前面已经看到,在与弗洛伊德决裂后,荣格陷入一种很深的抑郁中,导致他开始和无意识中的意象对话。他这样与他的无意识保持联系,不仅仅是为了努力理解在他身上到底发生了什么,也是为了找到他生命在那一刻异常痛苦的意义。由此,一个与女性意象的尤为特别的对话建立起来了,荣格称这个女性意象为"阿尼玛"(*anima*)②。

实际上,正是这个他精神世界中不熟悉的部分与他自身的未知层面进行了接触,而这个未知层面以一种与意识部分完全不同的方式抵抗着接触。当阿尼玛被倾听,她就帮助荣格了解到许多关于他的东西,帮助他与无意识进行对话。这些都帮助他度过生命中的关键时期,帮助他发现一种完全不

---

① C.G.荣格:《人类及其象征》,第31页。

② C.G.荣格:《荣格自传》,参见第六章《直面无意识》以及《红书》。

同的生存方式，从而安放好他的生活。

荣格称作阿尼玛的部分是不成熟的、被遗弃的女性部分，也常常是男性精神世界的古老部分。对于这一部分，男人不能言说，她蜷缩在无意识当中，是意识的相对部分，也是意识的补充部分。这一部分，大多数时候，是他拒绝的部分。因为缺少对她的认识，所以她也不可能被表现出来并影响其生活，但是通过投射，他把她安放在其他女人身上，也就是说，在他之外“放置”这个女性的部分。对这样的男人来说，女人从来不是一个“他者”，而只是他自己的一部分。女性只是存在于他的无意识中，他根据他的无意识来要求他的伴侣，她是他的“另一半”，就像一般老百姓常说的那样。

阿尼玛的概念集中表达着“女性的”属性，男人在发展他们自己的这一部分时总是显得很迟疑。她们是与男人们意识里的“雄性”特质相对的，在那里，感受与情感习惯性地被排除了。① 所有阿尼玛成分明显的男孩，通常都很有教养，当然，母亲常常都在其教育当中发挥着作用。至于女人，如果她们的阿尼玛成分明显，她们就愿意是脆弱的、敏感的和直觉的，愿意与男人不一样，充满内涵，饱含情感。至少，在集体想象当中，大多数女人应该是这种类型。在荣格的年代，也就是20世纪初，阿尼玛在男人和女人身上的表现，差异十分明显。今天情况有所改变，也许我们不能再按男女来精确地描述它

---

① 关于这一主题，可以参看阿涅尔很有趣的著作，《围围裙的男人——福特电影里的反串游戏》(*L' homme au tablier—Le jeu des contraires dans les films de Ford*, La part commune, 2002)。

的表现了，但是，本质还是那样……①

阿尼姆斯，女人的男性

阿尼姆斯(*animus*)是女人的内在世界，是女人精神力量的意象。这个概念集中表达了女人身上的那些一般被归结为男性特质的东西。一般来说，女人对这些特质也很难加以维护。当阿尼姆斯与意识整合，它的积极一面就会表现出来，这一面就是它的力量、思想、行动和明智的一面。但是，当它处在无意识当中，就会表现为另一面：刻板、暴力、执拗、偏见等等，也就是说，是与女性的精神力量相对的古老男性的一面。

阿尼姆斯处于无意识的时候，通常是以"拟人化"的方式在女人的意识生活中表达出来。它以投射的形式表现在一些男人身上，它会被投射到女人在她所处的社会文化环境中所碰到的男人身上，尤其会投射到她丈夫的生活中，或者投射到她的梦和幻想里。

组合：阿尼玛/阿尼姆斯

当阿尼玛与阿尼姆斯都处在无意识中时，它们将在相互投射的游戏中严重地干扰夫妇的关系。

---

① 在2011年3月8日的一篇文章《不是你洗衣服?》中，《解放报》(*Libération*)的记者就普遍存在的性别歧视问题，调查了一系列足够奇怪的生活琐碎事件。这篇文章提出的问题，激起了男性主义的强烈反应，以至于《解放报》不得不把网站上的读者评论版关闭。

阿芒汀娜和埃里克在将爱的激情保持了十年之后,这对夫妇的关系变得很差了,生活中吵架频发,最后导致离婚。那么,到底发生了什么呢?一切都从阿芒汀娜无意中的发现开始。她无意中在埃里克的电脑里发现他和办公室的一个女同事保持着非常奇怪的关系,这严重影响了他们的夫妇关系。那个女同事完全否认,只说他们是工作关系。阿芒汀娜一开始也愿意相信并尝试着忘记她的发现。但是,她的发现已经让她害怕,阿芒汀娜决定始终保持警惕,随时关注丈夫行踪。于是,她就得到了无可辩驳的证据,可以证明那个女同事与她丈夫之间有着她曾与埃里克有过的激情关系。当她获得这个证据之后,她立刻就变成了名副其实的母老虎,完全变成了另外一个女人。

这对夫妇陷入可怕的对抗当中。埃里克,引诱者、撒谎者、没有信誉,铁证如山却还继续抵赖,当时他受到阿尼玛的牵制,阿尼玛在那种情况下变成了控制者,而且控制着他的卑鄙一面。而对于阿芒汀娜来说,锋芒毕露,勇敢好斗,已经做好战斗到最后的准备,她的意识与信念被蒙蔽了,那时,她明显是被阿尼姆斯所左右。这样的冲突对于孩子们来说肯定是灾难,他们是这场阿尼玛与阿尼姆斯之间殊死搏斗的观众和实际受害者。

荣格说:“当阿尼玛与阿尼姆斯相遇时,阿尼姆斯挥舞着他的权力之剑,阿尼玛则喷吐着她幻想与迷惑的毒液。”①

埃里克并没有质问自己,并没有尝试在自己的内心发展他的女性成分,而只是在外界做这种追寻。首先在阿芒汀娜这儿追寻,然后,当夫妻关系中的激情停止之后,他又在另一个女人那儿追寻。而阿芒汀娜则对她丈夫与他的办公室女同事的交流耿耿于怀,男性的攻击性在她身上完全觉醒了。一个她信任的男人,一个对她来说是擎天柱的男人,怎么会背叛她?同时,埃里克身上阿尼玛的表现对她又是一种激发,让她的阿尼姆斯更完全地显现出来,最后爆发了。

埃里克与阿芒汀娜处在各自的位置上相互战斗着,他们没有时间来自问一下“到底他们身上的什么地方被激发了”。因为不了解各自的阿尼玛与阿尼姆斯的表达方式,也不打算将它们整合到各自的人格中,而是把它们扔到相互的意象之上,他们走进了一场名副其实的毁灭性战争。

与他者相遇

在与内心世界的接触中,为了成为一个“完整的”存在,男人需要意识到一个生活的基本事实,这一事实与其外部及意识生活中的行为与理性是相对的。为了做到这一点,他必须与他内心的女性保持着交流,也就是说,他与他的人格、感觉、感情及感受当中的脆弱与微小的部分交流,即和他的具有阿

---

① C.G.荣格:《永恒之塔》(*Aïon*, Albin Michel, 1983),第 29 页。

尼玛意义的“灵魂”交流。这是与一个女人真正形成关系的唯一可能方法,不能让一个女人来支撑他内心的这一部分,她不是他内心里那个女性的人质。与他者的真正相遇在于:配偶双方的任一方都是完整的存在者,并且能坚持这一存在。

同样,女人为了与自己的精神力量进行交流,也应该与自己的“另一个”部分交流,也就是说,和她内心的男性交流并且意识到这一男性成分,从而,发展她人格的完整性。这个她身上的“他者”能让她自立,让她思维明智,并让她适应世界,而不是替代她的女性属性,更不是要毁灭她的女性属性。真正地明白自己的差异,也允许她与一个男人相遇。不要指望外面的男人来补充她自己身上的缺失,不要指望外面的男人来具体表现她自己身上的阿尼姆斯。不要夸大一个男人,不要认为他对她来说,就是“全部”的男人;不要把他看作是具有所有优点的保护神,但是,一个女人常常会这样认为她所爱的男人。

第十一章

阿尼玛如何表现？

按照荣格的理解，阿尼玛预先存在于所有人的无意识当中，母亲是第一个支撑阿尼玛的人。这个原型的迷人意象变为母亲的样子之后，会从母亲那里攫取权力，攫取让男孩子感到焦虑与危险的权力。

“通向妈妈房间的门充满焦虑的力量。夜晚，我的妈妈变得神秘且可怕”①，荣格在回忆他幼年内心深处的往事时说。

渐渐地，孩子能够理解母亲的实际情况，阿尼玛在意识里就失去了它的权力，于是转而进入无意识，开始从别的内容中获得力量，比如童话里的巫婆，或者别的让孩子感到不安的怪兽。

当它在意识水平上分化之后，阿尼玛会给男人一些特

---

① C.G.荣格：《荣格自传：回忆·梦·思考》，第38页。

质——一开始是给男孩[1]，之后是给成年男人，这些特质是为了达到平衡，不让他独特的“雄性”特质（行为、耐力、理性、暴力，等等）片面化。因此，在教育的范畴上，这是重要的：从很小的年龄开始，就允许男孩通过一些活动发展一些预备措施，它们将有利于优化感觉、倾听、易感性、对他人的关心、温和等特质。如果男孩得不到机会发展他人格的这一方面，他将无法在后来的日子里抵达他的“整体”存在。整体存在包含意识与无意识相对立的一些因素，这些因素联结在一起是为了形成一个整体性人格。阿尼玛在无意识的母亲意象当中挖掘、分辨出有益的东西，补充着意识的人格。

如果男人的阿尼玛与意识相整合，他就可以再认他自己，通过她身上发出的宁静、温和和友爱的一面，这一面在与他人的交流当中可被感知到；他对自己的再认还可以通过他多少不那么强硬、干枯、傲慢的思维方式，以及通过对人对事的正确和感性的评价方式来实现。正是在这些情境中，阿尼玛才能充分发挥调停者的角色，发挥统一特征的作用，在自我和他者之间，也在自性本身和自性内部的他者之间。

相反，如果阿尼玛是无意识的，那么它在男人那里的表现和苗头，习惯上是通过脾气、任性、主观、发怒或非理性感受才被能发现。一般来说，它主导着男人不能控制的情绪与感触。

---

① 关于阿尼玛在儿童那里的发展，可参考B.阿兰·杜普雷（B.Allain-Dupré）的文章《作家与空间穿梭机》（*L' écrivain et la navette spatiale*），见《荣格派精神分析笔记》（*Cahiers jungiens de psychanalyse*），第132期，2010年12月。

阿尼玛:被忽视的弱点

阿尼玛是人格面具的反面,是男人自身理想意象的反面,是他希望或者想象着要成为的人的反面。因此,如果一个人越是在外部扮演一个很强势的男人,越是觉得他了解他自己,越是觉得自己是完美的,那么,他就越是缺乏对自己弱点的觉察,缺乏对自己内部世界的觉察,他的阿尼玛也就在无意识的黑暗中越陷越深,但是,在他不知不觉的状态下,他的阿尼玛会突然侵入到他的某些生活场景当中。

卢瓦克42岁,已婚,是四个孩子的爸爸,一家跨国公司的销售负责人之一。他的职务非常重要,他经常出差,所以常常不在家。今天在纽约,几天之后又是新加坡,回到巴黎不到24小时,他又要出发,下一站是里约,等等。并且,就算他在巴黎,也有大量的会议要参加,他的工作安排与他的所有私人生活都有冲突。早上例会在周一早上8点,地点在巴黎北部的郊区,而他是住在巴黎南边的郊区(最少也要一个半小时的路程),晚上会议一直开到21点,甚至更迟……他不能在晚上10点至11点之前回家,而如果他要乘第二天早上7点的飞机,他就要在4点30分起床。他已经无法忍受了,但是他还在坚持,并

> 毫无怨言，因为这是他公司的惯例。所有都被写在合同条款里，如果他想保住自己的职位，他就必须承受。一天，他回到家后看起来一筹莫展，到了睡觉时间，突然放声哭泣，这令他的妻子大为吃惊。除了15年前在婚礼上，她还没有见到他如此哭过。哭了大半夜，第二天，卢瓦克好像是虚脱了一样。他没法起床。他的妻子担心这种状态，于是叫了医生。诊断结果：发烧。

企业界非常懂得男性心理学并且灵巧地运用着男人的心理倾向，男人都想表现为一个“有能力的男人”，并不想认识和接受他的弱点。这一点现在逐渐演变成了名副其实的框架“成形”系统，在此系统当中，阿尼玛也被灵活地逆向运用着。

许多心理学家、人力资源部经理、训练员都知道这种效应，知道将之用来为企业服务，他们使用一些极端的技术，训练一些“真正”的管理人员，让他们总是超越自己。在这种逻辑下，所有的弱点好像都意味着不成功。于是，人们就掉在一个陷阱中，他们觉得必须要接受一些完全是非人道的工作条件。相反，荣格认为，总是把人们赶到更大规模的意识片面化当中，不会有出路。这种情况不仅有悖人心，而且最终无法成功；必须要让人们在精神上达到“自主”和“完整”，也就是说，要让意识与无意识相互交流，取得真正的平衡。

这就是为什么，就像我们近些年看到的，要通过一些政策对一些心术不正的公司及其实施阴谋的领导层进行监督。不用说,这些领导层显然每天都在尝试着超越自己,但是,他们忘记了他们也是有"灵魂"的,也就是说,他们有感觉,有情感,也有局限。某些人就像卢瓦克一样,因为生病发烧而结束工作,还有一些人则可能会是心肌梗塞的受害者。还有一些人选择了自杀,我们也常常能在媒体上看到这种报道。

努力工作和证明自己的能力并不必然引起灵魂的丧失。相反,如果工作激起了男人的全部能量,则可能会反过来妨碍男人与自己的女性部分的接触。

不管怎么说,男人的女性部分,如果总是处在无意识当中,没有与意识相整合的可能,完全就像被忘记或被贬低,就像阿尼姆斯在女人那里一样,那么,它只能以"拟人化"的形式表现在意识生活中。如果这样,以下情况就会发生:

- 要么,以投射的形式表现在其他女人身上。
- 要么,出现在梦或者幻想里面,这时女性成分一般来说会表现出奇怪又神秘的特点,或者表现为一些来自"别处"的迷人女性人物意象。

这就是为什么一些男人总是需要某些女人在他们身边,因为她们将男人精神世界里的某些部分具体化,占据了男人心中的某些位置,为了男人而出现在男人的日常生活当中。而这些被具体化的精神部分,男人自己并不知道如何进行发展。

也正是这样,即使男人常常得到许多优待与尊重,他们还是经常需要把女人放到次级的位置上。因为她们是在无意识里被低估的部分，他自己的被低估的部分。另一种情况则相反，但也同样可以通过阿尼玛的另一极投射，把某个女人变成一个爱的女神，他会以一种天真和近乎痴迷的方式来崇敬她，就像发生在古希腊时代的情况一样。

在第一种情况当中，这些事情经常发生在他身边最亲密的女人身上——妻子、女儿、姐妹、母亲等等。在第二种情况当中，情况一般是这样的：某个美丽的日子里，他好像被闪电一样令人吃惊的东西击中。他一见钟情，突然“疯狂”地坠入爱河，爱上一个陌生的美丽女人。这个女人会动摇他的生活并且打乱他那时的生活方式。他的眼睛像是被迷住了一般，如同被实施了催眠。他将众多的投射安放在这个女人身上，于是，她被不恰当地高估了，变成了他的掌中明珠。为了她，为了得到和经历一段令人心醉的爱情，他可以抛弃所有。

关于这样的故事，文学与电影提供了无数例子。《蓝天使》[①]里的体面教授，他成为一个微不足道的舞台小丑，按他的话说，是为了“爱情”，对一个夜总会舞女的爱情。魏德金的剧本《露露》[②]，其主题也是这样，这部剧本是许多著作的灵感之源，其中就有 G.W.帕布斯特的电影。著名的电影《穿裘皮的维纳斯》是萨克-马索克的作品，里面的英雄、教授都沉

---

① 《蓝天使》(*l'Ange blue*, 1930)，J.冯·斯坦伯格(J.von Sternberg)和玛琳·黛德丽(Marlène Dietrich)的电影。

② 《露露》(*Loulou*, 1929)，G.W.帕布斯特(G.W.Pabst)和路易斯·布克(Louise Brooks)的电影。

湎于使自己受辱的快感当中，他们完全崇拜着他们创造出来的拥有全部优点的想象物。

> 这也是发生在乌戈身上的事。他是一个严厉而高贵的葡萄牙移民的儿子（参见第十章）。茱丽亚是个音乐家，当他在说她时，还不知道她的名字。她是高贵怜悯的纯洁化身。乌戈说到她时会说她是“他的小提琴家”，这很好地表明了她代表一个单纯的意象，为的是能够让她完全嵌入到他的缺失当中。乌戈完全不能忍受一个“平凡”的女人。她必须是一个女神，美丽的、神秘的、才华横溢，他可以膜拜她，可以在她面前虔诚地拜倒。

在镜子面前，阿尼玛让乌戈体验到一种权力的幻觉，尤其从其他男人的视角来看情况更是如此。同时，这也让他体验到童年的脆弱感，他需要一个完全的依赖，他将之投射给了她，认为她有能力给出这种依赖。但是同时，这个女人并不是一个“现实中的人”，而仅仅是来自于他的无意识中，这个女人是一个“幻想携带者”。她仅仅是被用来填补乌戈的女性空白，因为这个空白，他不能为了自己并通过自己来填充。

任阿尼玛支配

阿尼玛这个概念,荣格对它的描述也具有双重性,他在著作中的解释并不是很清楚。

一方面,它对应着男人的人际关系能力,这一点可以总结为它是指内部世界、易感世界、情感世界或者说“感官世界”。但另一方面,它也指女性的原型,具有冷酷、无个性、诱惑、迷人的一面,从积极角度来说,它像是生活与爱情的给予者;从破坏角度来说,它又是致命而令人讨厌的女人。当男人任由这种意象的力量出现,他就真正地被“掌控”了,需要面对某些实实在在地侵入到他身上的东西,这可能会把他带到发疯的边缘。

当我们受到某种与自我脱节的原型影响,且原型的功能与自我不同并且“控制”着自我时,那么上述的事情就会发生在我们身上,这也等于是让自我“站到一边去”,把主体变成一个真正的提线木偶。将阿尼玛原型投射到一个女人身上,也可以让这个男人想象到,这个女人马上就要给他讲爱的秘密,向他大开爱情之门,就像在远古时代,人们认为阿佛洛狄忒在她神秘的膜拜仪式中所做的那样。

但是反过来说,他也可能会感受到被女人威胁或者纠缠,因为以前他曾有过发疯似的爱情,于是他想逃得远远的,他害怕再次被女人毁灭。

雅克,数学老师,50岁左右。他的伴侣比他至少小15岁。爱慕她的美丽及众所公认的性感,雅克称他的爱人是一个“奢华”的女人,他喜欢趾高气扬地与她走在街上。一天晚上,在一场激烈的争吵之后,他极度恐慌,于是逃出家门,躲进一个靠近乡村的废弃的小棚屋里。他在那里躲了许多天,因为他非常害怕他的爱人会发现他,然后杀了他。

这也是一种完全被阿尼玛控制的状态,某些男人,往往是五十岁左右的,总是犹豫是不是要放弃他的妻儿,从而和另一个比他年轻很多的女人生活在一起。一般情况下,当他身上某些事情有所改变或者重新调整时,这种事情就会发生。但是,与其说他们对他们的生活有所怀疑,想重新体验“内心的”改变,与其说他们想重新组织精神世界,还不如说他们实际上只是在外部现实中体验这种变化。一旦这样做,他们就抵挡不住投射,通过投射机制,一个耀眼的幻觉世界,一个快乐的肉欲世界就展现在他们面前,他们从前从来没有想过会有这样一种称心的满足感。而他们的妻子常常只蜕变为一个家庭管理人员,或者说就是“母亲”,她们常常还携带着负面的阿尼玛特征。

因此,就像所有的原型那样,女性的原型在男人的精神世界里也有着相对的两极。这两极以复杂的方式发生着无数的变化。比如:

• 维纳斯和致命女人，一极是爱的创造者，另一极则会引起衰败和死亡。

• 妈妈和妓女，一极是神圣和不可触及的，另一极则是步入歧路和堕落的。

• 女神与世俗女人，前者与神圣的爱相连，后者是老老实实、安安分分的家庭主妇。

阿尼玛：女人与女性

反过来说，这种情况也有：一些男人成功地认同了阿尼玛，也就是说，他们把他们的无意识的女性部分搞混淆了，并且融入了那一部分。他们放弃了他们的男性特质，而变得有女人味，有时候甚至比女人还夸张。

因为涉及到集体无意识的原型，所以，阿尼玛同样也在女人的无意识当中存在。但是它并不作为与意识相对的机构，这与在男人那里不同。它更像是一个永恒的女性印记，是所有女性经验的集体记忆库；在人之所以成为人的一开始，她就存在了，属于女人的本质特征之一。女性气质特有的功能就是从这些原型的女性中来的。它一开始被母亲支撑着，同时也被祖母支撑着。由此，母女关系相互铰合，形成痴迷的状态，爱与恨紧密交错。其表现出来的关系完全是另一种类型的复杂，不同于俄狄浦斯式的唯一竞争性关系，当然这种竞争关系也不会被排除，只是在后来才加入进来。

有时候，一个女人也可能成功地认同一个女性上帝，这和她在无意识里对一个男人的欲望具有一致性:在她自己的无意识表象当中,她希望被当作囚犯抓住。一般情况下,这样的想法是来自这个女人曾经与她父亲的关系,如果这个父亲从她小的时候开始,不管她反对与否,都把她放在一个很活跃的表象位置上,也就是说,让她"具象化"他的阿尼玛。这种类型的女人通常被称作"阿尼玛女人",并且这样的女人常常都流露出非常神秘的魅力。这样的女人很难消除对男人的愿望,并且她们在发展自身的无意识潜能与创造性时,会碰到很多困难。即使这样的女人很有才华,她们也会感到内心是空的,如果没有一个男人的目光给她存在的感觉的话。在这种目光之外,她们会感到自己没有价值,很容易就陷在焦虑、抑郁与虚空之中。

另外一些人也可能被这个女性上帝者所抓捕,她们的母亲无意识地要求她们为了母亲而具象化这个女性上帝。她们和前面提到的一类人一样都是囚犯,因为她们从来没有真正地认识到她们原本所是,她们完全都贡献给了对母亲的自恋崇拜当中,而不是为了完成自己的命运。这些女人被无意识中的与母亲的同性恋关系所抓捕,如果跳出母亲的欲望来建构自己的女人生活,她们常常遇见很多困难。

克丽丝泰勒的母亲有一幅很大的女儿照片,一直装在相框里挂在她的卧室,但是从来不挂别的孩子的照片。实际上,克丽丝泰勒真的也很漂亮。这种精致的美感把她母亲迷倒了，她曾经也是一个非常漂亮的女人。她曾经有机会成为模特和电影演员。妈妈对孩子的这种明显的不公平，使她和其他孩子之间，滋生了很多矛盾。同样，克丽丝泰勒也常常和她的大姐吵架。克丽丝泰勒和她母亲在玩一个镜子游戏，而克丽丝泰勒很难从这个镜子里走出来。她好像是被她囚禁了，不顾她的意愿，当她想做一些逃离的尝试时，她总是找不到力量。她遇到的所有男人，没有一个让她中意，因为她害怕与他们中任何一个产生真正的关系，这种关系总是会立刻遭到她母亲的批评。克丽丝泰勒成为她母亲任意处置的"客体"。她自己的生活不存在。

另一类女性同性恋也有可能通过迷恋来解释，某些女人无意识地体验着那种对作为女性原型的阿尼玛迷恋。和男性的方式一样，一个被阿尼玛迷倒的女人也可能是"昏头昏脑的"，她任由她对另一个女人的情感投射来征服自己。在这种征服之下，只要有机会，她也可能抛弃丈夫与孩子，而与她的女神生活在崇高的爱情当中。

第十二章

阿尼姆斯如何表现?

在女人的内部世界里,与女人性别相对的部分,即与女性的意识部分相矛盾的部分,称为阿尼姆斯。这个词在拉丁语中表示着"精神"。对女人来说,阿尼姆斯表示着她无意识的男性部分,一般来说,这个部分是不成熟和古老的。为了成为一个"完整的"存在者,女人必须学习如何发展她的阿尼姆斯,就像男人对待他的阿尼玛一样。

> 玛丽梦到她必须和她的学生们一起排演一场舞剧。她的一个女同事把剧本放在桌子上,剧名叫《男根的统治》。她寻思道,这个主题很难通过舞蹈表现出来,因为如果男人拥有我们,统治着我们,那么在舞台上表演的就必须是一群屈从的和悲惨的女人。

于是,我们在这里再一次看到与性别相关的俗套印象,尽管我们是在21世纪,尽管玛丽还不到30岁。

在她的梦里,文化的俗套印象表现得非常清楚:男人们拥有和统治着女人,而女人们相应地就必须在舞台上表现为屈从与痛苦的。对一个教养很好的高智商年轻女人来说,这是令人不舒服的。

实际上,按照这个梦境来理解,玛丽至少表面上表现得服从于男人,即使说这并不是痛苦的,也至少是令她不能在那种环境下感到真正幸福。但是,确切地说,她已经开始认识到她不能再这样下去了,否则她就是在浪费生命。对她来说,这个意识的理解是非常重要的。那一刻,她必须决定不再只是做她生命一半的存在者,而是要与她人格当中被忽略的还未区分的另一半进行交流与联系,这一半将给她提供一个不同的存在方式,她会用这个方式与人类、生活及社会打交道。

阿尼姆斯的善行与恶行

"拟人化的"阿尼姆斯并不是一个真实的人,但它是一类现代意义上的神或者半神:著名演员、歌手、教授、电视红人,也就是所有类型的"伟大人物"或者说权力的代表者。①

---

① 戴安娜·杜克蕾(Diane Ducret)在她的书《独裁者们的女人》(*Femmes de dictateurs*,Perrin,2010)中说,希特勒收到很多情书,比披头士和米克·贾格尔(Mick Jagger,英国摇滚歌手,滚石乐队主唱)两人加起来的还多。

瑟琳娜 11 岁，这是她第五次来了。从年初开始，她就过于喜欢她的科学老师，一个三十多岁的男人，他是年级的主要授课老师。每次只要上了他的课，她回家时两眼都比平时明亮，带着极大的快乐为他做一些研究，关于沉积岩的形成、动物的呼吸系统或者地质资源。

通过瑟琳娜的情况我们可以看到，在这个转折的年龄阶段，阿尼姆斯开始对“知识”“反思”及世界感兴趣。一般来说，父亲或者父亲的替代者是阿尼姆斯的第一个承载者，因为，习惯上，在家庭里，父亲是作为具有社会生活能力的人被认识的。但是，在某些父亲有所欠缺或者父亲不存在的情况下，也有可能是母亲的男性特质取代父亲成为阿尼姆斯的承载者。在母亲单独抚养孩子的单亲家庭或同性恋家庭里，父亲总是缺席，单纯地听命于他妻子，或者不“当家做主”，在这种形势下，就和瑟琳娜的情况一样，另一个更具标志性的人物可能会作为阿尼姆斯的投射对象。

一旦阿尼姆斯进入意识，它就处在积极的平面上，它就是“逻各斯”①，这会给女性带来反思、估量和认识自身的能力。这能让女性具有创造力，同时也能够进入社会。这也会给女人带来希望和可能，使女人离开繁衍后代和家庭主妇这样的片面角色，让她们将自己的生活融入到社会中，给社会带来她

① 希腊语，意为词语、言说。

自己的贡献,在社会中发挥她自己的作用。完全就像阿尼玛对于男人那样,阿尼姆斯在意识与无意识之间起着中介的作用,允许女人接触她黑暗的精神内层。因此,它也就是自性与他者之间的统一元素,也就是女性的自我与自性中的他者(也就是无意识)的统一元素。

玛丽的个案反映出“男根的统治”的问题,反映了对一个神圣存在物的崇拜。在远古时代人们将男根作为力量与权力的象征,对它像对待种子一样进行崇拜。换句话说,此个案显示出一个极其古老的男性问题,那时的男性还不具有人体的形式,在远古时代,它更多地还是与母亲女神的肥沃祭祀仪式相关。

玛丽和拉斐尔作为夫妇生活在一起有8年了。她在朋友圈和家庭当中都算个人物,她在所有的情况下都能保持着微笑的神情。但是,玛丽感觉不到快乐。她的丈夫时不时地指责她,渐渐地,指责的次数就越来越多。他嘲讽她的好脾气、她的幼稚,贬低她的工作,批评她的家庭是“变态的”。玛丽并不回应他的攻击,而是让他说。但是,实际上是她负责两个人的生活开销,以至于她要做两份工作才能维持两个人的生活。对于孩子的教育自不必说,也是她一个人负责。

在夫妻生活中,玛丽也意识到,她在她丈夫面前就像个小女孩。但是,她是无意识地处在一个全能者的位置上,就像她是一个伟大的女神,禁止男人像个男人那样存在。

当一个女人在无意识中的处境像玛丽那样,一种夫妇关系是不可能存在的。因为,要么,她要将男人当作宙斯一类的全能的神来崇拜,被男人强迫,和男人保持一种施虐—受虐的关系;要么,她内在地且无意识地只做她自己,做一个独断专行的人,拒绝碰触男人的任何男性特质,只把男人当作小孩子或者是简单的性欲工具。常常出现的是两者中的一种情况,我们在玛丽的个案中看到的就是这两种情况之一。因此,这里既没有真正的男女关系,也没有爱。这里仅仅涉及摧毁性的权力关系。

阿尼姆斯和权力意志

一个世纪以来,社会发生着改变,女人跟男人一样,已经接受了教育。对荣格时代的那些女人们来说,这还是很少见的。今天的女人可以从事大部分男人所从事的职业,即使薪酬会少一些。但是,这个演化的负面在于:只是"认同"于阿尼姆斯,让女人男性化,使女人失去了她的"感受",失去女性的真正价值。一种权力欲望常常取代女性的真正价值。

弗朗索瓦斯 45 岁,是一个漂亮的女人且具有一定的威信，是一家医院的管理高层。她和她的团队表现出很强的工作能力，传闻她将要接替院长的职务，而现在的院长会在不久的将来退休。于是，有一天，她做了这样的一个梦。

弗朗索瓦斯发现她和大学时代的一群朋友在一起。其中，女孩们走在前面，男孩们都走在后面。这里，一个女孩子对她说，那些男孩子正在评论她，其中一个男孩问为什么她这么漂亮，前面弄得很干净，但是却忽略了后面。她很好奇，于是她停了下来，脱下外套，她才发现外套的背面有许多污点。同时她还注意到，在外套的衬里处有一个拉链，她以前从来没有注意到。她拉开拉链，发现那里堆积着一些巧克力冰淇淋，并且它们正在融化。她非常奇怪，为什么它们直到那时才开始融化。

弗朗索瓦斯总是“笔直向前”看，她很难回头看看自己，也就是说，她很难进行个人的反省。在她与同事及她的部门下属相处时，这并非没有给她带来严重的麻烦。更有甚者，她在梦里穿的外套是一件厚厚的男人外套，她穿着是为了抵御寒冷；但是，一方面，当时是夏天，穿这样的外套完全不合时宜，另一方面，她在现实生活中也没有这样一件外套。

在现实生活里，弗朗索瓦斯是一位职业妇女，有责任心，也有抱负。她更经常地显得很优雅和很有“女人味”。但是，她的梦表明，实际上她完全是另一种人——一个女人，但裹着一件厚厚的“男人”外衣。她看上去不太吸引男人的目光，这些男人质问她，而她甚至都没有听到。甚至，这个女人不知道她有未成熟的心理，在她的外衣衬里当中还藏着一些巧克力冰淇淋。不成熟，可能还有些冷，但是她毫无“感觉”，即便这些冰淇淋已经开始融化……

要想在职业上实现她雄心勃勃的目标，她自己的一部分必须全部被否认并置于一边，特别是那些与快乐和身体相关的部分。在结婚之前，与周围的人相比较，她已经取得了一定的成就。但是，今天的情况不是这样的。今天的现实是，弗朗索瓦斯甚至听不到别人特意对她说的话，她和丈夫也有隔膜，没有什么东西让她觉得值得和丈夫再走在一起。因此，是时候了，她应该停止疯狂购物，停止往前飞奔。是时候了，她应该暂歇片刻，并且反省自己，听从她心中“女性”的一面，而她的“女性”从其角度向她发出了警告。

于是，弗朗索瓦斯就是这样发现她被包裹得像个男人，她行事也像个男人。也就是说，在她没有意识到的情况下，她自己的一部分成长为“男人”了。她非常吃惊并且十分不愿意，因为她认为她非常地女人，她的服装都剪裁得很好，她的化妆品都经过精心挑选，她的头发和指甲也总是认真修剪。

但是，弗朗索瓦斯实际上是让自己“认同”于男性，当她探寻关于社会场合的认识时，她将男性“整合”到自己身上，并且没有意识到这一点。她用服饰打扮来代替对她自己“女性”的整合,从而可以在另一个维度上丰富自己。

今天,这样的现象越来越多地在年轻女性身上出现。为了适应和对应工作领域里的男性模式,她们最后决定丢弃自己的部分女性特质,从而来认同男性的权力。这种新的自由,当然是现代女性的进步;但是,如果这种变化不是真正地作为一种意识的延展而出现,而只是以一种与自己本身的一部分相割离的情况出现的话,对于她的内心平衡与深度发展来说,也是一种危险。

就像弗朗索瓦斯一样,今天的大部分女人在获取这份自由时,并不是没有麻烦。这种自由确实要被认为是她们的重要胜利,但只是部分的胜利。实际上,对她们当中的大部分人来说,这并不是“个体”和“自性化”进程的演化结果。相反,这涉及的只是女人意识对新的“集体标准”的适应。在大多数情况下,这种适应就像我们在弗朗索瓦斯的个案当中看到的那样,更便于女性意识到对男性的“认同”,而不是用她自身的女性意识来区分和“整合”她的男性成分。

至于在一些世俗国家比如突尼斯,女人出门戴面纱的现象又重新出现。一个突尼斯哲学家对此进行了分析,当然她并没有完全使用荣格派的术语。她觉得这完全是一种新出现的集体现象。她认为,这实际上更多地是一种现代化和无意识的男性控制女性所产生的反常影响,并不是现代突尼斯女性内在自由的真正表现。①

这里提到的阿尼姆斯并没有真正地起到意识与无意识之间的中介作用。它不再能够起到“联系作用”,而是相反,它将女人从她与无意识、与她的女性特质,同样也与她的男性特质的关系中切割下来。这一点在弗朗索瓦斯的梦里看得很清楚。

“对于全能性与集体的野蛮信仰,(人类)除了使用他鲜活心灵的神秘,没有什么东西可以去反抗。”②荣格如是说。

被阿尼姆斯占有

没有什么比让一个原型占有更加危险。一个男人被阿尼玛控制,就会被推向发疯的边缘(参见第十一章),一个女人被阿尼姆斯占有也会一样,她会被带向同样的边缘。

> 芭芭拉,四十来岁,拥有很好的直觉,她是瑜珈老师,她来到德里多少是想与原来的生活隔离,寻找自我。自从飞机降落,她就对这个城市的韵味有了深刻印象,她的所有感官都被激发了。喧闹声、热度、气味、嗅觉、颜色、女人戴着纱丽、男人戴着头巾……这是另一个世界。在这个城市游历了一番之

---

① H.拜依(H.Béji):《伊斯兰教的骄傲:面纱背后》(*Islam pride, derrière le voile*, Gallimard,2011)。

② C.G.荣格:《夫妇的秘密》,卷1,第214页。

后，她去了亚格拉参观泰姬陵，这是一座由白色大理石修建的陵墓，莫卧尔王朝的一个国王修建了它，他非常喜爱的一位王妃去世，他对她的思念无法释怀，于是就修建了这个陵墓来纪念她。芭芭拉对这个地方的神奇之美印象深刻，于是当天晚上，她做了一个梦："我熟睡当中，通过我房间的窗户，湿婆神闯了进来，他奔向我的床，和我交合了。我们的交合非常激烈，以至于我醒来之后，都有些迟钝，如坠云中。"

接下来的日子里，芭芭拉好像真的被她梦里的情景侵入了一样，她处在某种沉醉和绝对的惬意当中，好像她真的"坠入爱河"了。

这种情况持续到了第四天。那天，强烈的发烧把她击倒，芭芭拉必须住院。又过了几天，她被遣返回了自己的国家。

"另一个"男性突然闯入芭芭拉的生活当中，这是她自己的"另一面"，直到那时她才注意到这另一面。这种突然闯入一方面让她的感官世界陶醉，另一方面又通过她梦中的"经历"让她体验到男女关系当中的强烈情欲。这一体验对她来说过于强烈，而她之前和所有这样的情欲都保持着一定距离。

诚然，不需要真正的了解，这个东西必然是她去如此之远的地方要寻找的东西。但是，她的精神世界不能支撑这个启示的强度。因为变得疯狂，她所缺乏的东西就出现了，这就是她的身体。她的身体承受着铁甲之门的撞击,以至于她生病了,必须要被遣返到不那么灼热的国度。

这一经历之后,芭芭拉需要经过数月才能理解到,她到印度想要寻找的东西就是为了和她的内心相遇。她的内心在她到印度之前还处在很远的地方。在她身上的"他者",她的精神力量象征性地通过湿婆神表达出来,因为湿婆神在她的梦里强有力地占有了她。只有经过大量而又痛苦的工作,并且对梦的内容进行区分和整合之后,她才能最后明白。

第十三章
自性:统一的存在

自性……代表着这个人的整体目标,是他的整体性与个体性的实现,而且不管他愿意与否。[①]

在前面谈到“成为意识”时,我们已经知道,整体人格的中心,并不是在“完美”人格的意义上谈论的,而是在包含着意识和无意识的整个人格意义上谈论。整体人格的中心不是自我,而是自性。

中心之路

1913—1919年,是荣格最艰难的时候。那时,他不仅仅和他自己精神世界的女性部分对话,而且还勾勒它、雕刻它和描

---

① C.G.荣格:《答约伯》(*Réponse à Job*, Buchet/Chastel, 1977), XVIII, 第219页。

绘它。

每天,他都会在一个小本子上画一些圆形的圈,随着时间的推移,他能观察到这些意象会根据他当时所处的精神状态发生变化。他也感觉到,在那时,他常常受到混沌的攻击,面对这些混沌,他画的东西能让他得到安静并重新找到自己。

于是在他面前,一些重要的东西通过他的画表现出来。在一种"整体性"当中,这些意象向他表达着他自己;这种整体性,根据他所处的内心状态,以不同的方式表现出来:统一的或者相异的。以至于可以作出这样的假设,他自发地绘制的这些圆形或方形的圈是一些曼荼罗①,这些同心的意象在整个东方极其常见,一般说来是与神圣性相关的,支撑着静思打坐的修行。

于是,荣格对原型主导的人格中心作了一个假设:这是精神"发展的真正轴心"②,荣格说它是每个人最隐秘的东西,也是所有人当中最普遍的东西。③他称之为自性。

---

① 梵语,指圆圈。

② E.G.亨伯特,见安德烈·维莱(André Virel):《心理治疗词汇》(*Vocabulaire des psychothérapies*,Fayard,1977),第304页。

③ E.G.亨伯特:《被无意识抓捕的人》(*L' homme aux prises avex l' inconscient*,Retz,1992),第151页。

远比自我要大

用简单的语言来解释这个人格中心，而同时又不把它简单化，这是很难做到的。自性这个概念实际上是荣格最复杂的概念之一。

在他的所有概念当中，"自性"这一概念可能比所有别的概念都要复杂。它所涉及的精神作用，只能通过我们在其中的经历来进行切实的理解。出于这个原因，理解这一概念就不能脱离荣格发现它们的方法。正如我们在这本书的一开始所说的，荣格式的概念并不是抽象的，而是一些"经验的"概念，它们完全是与所经历的隐私经验及感受相连的。

所以存在着两种不同的理解自性的方式，分别对应着以下两个方面：

- 第一个方面是纯粹概念的方面。自性是一个"假设性"概念，至少现在来说，它还不能被科学发现或者证明。
- 另一个方面是经验方面，也就是"经历"。在个体生活当中，在他们迷失方向或者再定方向时，个体需要确定中心作用，此时他可以体验这种经历。但是，更一般地说，它是通过到处都存在的象征符号表现出来的，比如，在某些宗教仪式、某些文化中，或者在梦、想象和艺术作品中。

因此，荣格认为，在人类的整体性和组织性中，自性是核心原型。它是"组织者"的组织者，主导着精神发展的所有阶段。这是荣格理论与分析实践的关键概念。

自性是我们在生命中总是朝向它的东西,但是我们从来没有抵达。它既与自我有着联系,也与自我有着矛盾。也就是说,它对抗意识人格,同时,它也将之包含其中。它超越了意识人格,比意识人格的范围要大得多。在某种程度上说,它是个体的精粹。

从理论上说,自性是一个假定的矛盾设置,是一个“极特殊的概念”,它表示在我们每个人身上的所有矛盾都是“潜在”统一的:男性—女性,积极—消极,身体—精神,物质—灵魂,等等。在这个意义上,就像我们已经知道的那样,荣格派的实践方法首先在于:通过对矛盾的东西进行“区分”,即通过自我对那些从无意识里冒出来的东西以及那些与意识作对的东西进行再认与整合,使之“成为”意识。

- 要么,它是曾经在出现的那一刻就被压抑了的东西,因为意识无法去渴望和接受这些东西:错误、羞耻、罪恶等。

- 要么,它被压抑是因为它将会阻挠我们意识的欲望和我们的自我“意志”,就如我们在黑暗中,或者说在阿尼玛和阿尼姆斯中看到的那样。

- 要么,我们压抑它是因为它是以象征的形式从无意识中自动冒出来的。自我对这些东西完全不熟悉,而且还要面对和服从它。它们就像是一个我们无法做主的原始要求。

荣格明确说道,自性就是一个“空”的设置。荣格认为它并不指示一个“缺失”或“缺席”,而更多指示着我们有一个

“不可认识之物”要去认识。

在这个意义上，荣格又认为“自性的经验代表着自我的挫败”[①]，它和“认同与自恋性投射”[②]的关系极其密切。自性不是自我，而是一个结构性与组织性的设置，比自我的范围要大得多，它最终总是处在主导地位上，而不管自我愿意与否。

自性的象征

自性总是表现为圆形、圆圈和方形。这完全像曼荼罗，圆圈是一个整体意象，同时，它也总是神圣的意象。荣格解释说，基督徒用“神”一词来表示中文中的“道”，同样，我们也可以用“神”来定义中心之空。这样的观念非常古老，在公元纪年开始之前早就有了。荣格证明，在公元前6世纪时[③]，这一观念在埃及和巴门尼德那里就已经出现。这一象征符号的历史真实性让荣格有了这样的想法：自性显示出所有意象的整体性与统一性，而不论这些意象具体是什么；尤其是那些在一神论宗教或者别的一元系统[④]中使用的意象内容，自性特别能反映出它们的整体与统一性。

除了圆形之外，自性也可能以别的象征意象表现出来，如岛屿、教堂、孩子、智者或者基督与佛陀这样的永恒意象，等

① C.G.荣格：《夫妇的秘密》，卷2，第351页。
② E.G.亨伯特，见《心理治疗词汇》。
③ C.G.荣格：《心灵与自性》，第99页。
④ C.G.荣格：《永恒之塔》，第48页。

等。荣格认为,在我们西方社会里,基督是“自性及其意义的最为贴近的类比”[①],就像“阿特曼”(Atman)之于印度,或者“道”在中国那样。荣格认为在两个盗贼之间的基督受难像就是一个自性的象征,表示着意识的发展不可能不让“自我受苦,也就是说,要在不可分离的矛盾之中将自我痛苦地悬置起来”[②],因为,反对自我的东西对自我的至高无上总是一种威胁。

这一点非常重要,因为这表明:一方面,在个体不知道的情况下,没有任何自性的象征在精神世界的定位和再组织中完全发挥它的作用。它首先需要在意识中,面对它自己的否认。有时候还有可能会改变自性这一概念的意义,为了自恋的利益而将自性理解为与其完全相对的客体设置,但实际上,这是与人格统一相对的。因为自性的象征总是承载着一种权威能量,这并不罕见,所以当它们出现,就任由它们“占有”。要么,认同它们,在这种情况下,自我不会受“折磨”,而是消除对立的张力,并且“自封”为自性——或者说自封为神。要么,任由主体向外界发展的投射来迷恋自己,这样就会麻痹其自我,把它与主体的其他分辨能力区分开来。

自我对自性的认同,是通过将主体置于全能者的地位之上,将其囚禁在想象当中。这种状态应该是非常危险的,对将自我认同为自性的个体是这样,对这个体身边的人也是这样。

---

① 同前注,第59页。
② 同前注,第59页(斜体着重部分为荣格所加)。

两者都处于同样的控制之下,只是方式不一样。

所有类型的“精神导师”都是这样工作的,同样,那些自恋的心术不正者也是这样行事的。这些心术不正的人会带来真正的灾难,那些落入圈套的人们,他们的精神会崩溃,创造力会枯竭。但是,我们必须清楚地理解到,他自己所认同的,确切地说,正是他为他的“牺牲者们”表现出来和具体化了的东西。这便是整体意象,这一意象具有神圣性,让他的牺牲者们为之倾倒。这一点解释了为什么他的“牺牲者们”总是任其为之,完全缺少对他的分辨能力,因为他们已经由于迷恋而与他们的自我“分离”了。心术不正者扼杀他者的思想,而且还常常给出这样的印象:那些“牺牲者们”是“自愿的”。

这也是所有专制主义的原动力,不管是政治的、宗教的、工作上的还是家庭里的。因此,如何在自性“内心”确定动力是异常重要的,这个动力是锤炼整体性与自治性的。在我们生活的每一天,这个动力从不缺乏表现,但是重要的是,要允许它“在自性当中”发展,而不是把它驱逐到自性之外,使它在自性之外寻找认同,寻求他人在我们的位置上具象化这个动力。也就是说,不“曲解”它,因为认识它也好,误解它也好,意识到它也好,没有意识到它也好,不管怎么样,它都一直会成就我们或者阻碍我们。荣格说,在这种情况下,它有时候可能就是我们所说的“命运”。

自性化进程

在补偿、抵消和矛盾的张力关系当中,自我和自性之间建立起来的联系,荣格称之为自性化进程。这是生命第二阶段的“宏伟史诗”,第一阶段本质上我们是在“成为个体”,即在第一阶段,我们要建立起对外界的适应:长大、学习、安身、建立家庭等。但是这并不说明自性在生命的第一阶段不是积极的,而是说它在这一阶段是以一种与后来不同的方式悄悄地发挥着作用,因为它是无意识的。

对个体来说,自性化进程是内部的转变过程,它允许意识与无意识综合为一。通过这个过程,我们成为一个“不可分割的个体”①,即完整的存在者,具有整体性与自主性。

这一进程对应着内在的动力学,围绕着自性运转。和生命第一阶段不一样,此时的动力不再是为成为个体服务,它的中心不再是自我。自性化进程带来不同的人格组织形式,这时的组织形式更为复杂,它的最终目标是直面中心的“空”,也就是说,要直面不可认识之物。

经过了一个困难与混沌的时期,朱丽世界里的所有东西都发生了变化,她甚至不记得生命中的一些大

---

① 作者在这里将“individu”(个体)写成“in-dividu”,突出此词的拉丁语来源,指明一个个体实际上是“不可分割的”,是“不能分割的”。也就是说,一个个体就是一个“整体”,一个“一”。——译注

事情:孩子们的出生、父母未老而逝、离婚等。朱丽,四十多岁,学校老师,生活如一团乱麻,常常被生活中的事件搞得不知所措。一天,她做了一个梦:

"我到了中国,一个有着长长尖尖胡须的男人接待了我,他穿着古代中式大衣。他的手上拿着一本书,一本年代久远的手抄书。他礼貌地给我这本书,好像这是一份见面礼。在他身后,显出广阔而壮丽的风景。只有我们两个人在这一望无垠的风景当中,一切都很安静。我感受到一种内心中的深层安宁。"

醒来之后,朱丽很奇怪她会做这样的梦,这和她当时的生活截然不同。接下来的日子里,她觉察到她一直都感受到的焦虑有了很大程度的减轻。中国老人、一本作为欢迎礼物的智慧之书、一个安静的世界,这与她之前所有的生活方式都不同,这完全是另一种生活方式。当然,只要她知道掂量这其中的意味,只要她的意识准备好倾听如此呈现给她的东西,那个中国老人的出现应该就是一个预示,预示着她的生活将有一个重大改变。不管怎样,她注意到了。这类无意识的意向象征性地向她指示着一个入口,一个进入到她完全陌生的世界的入口。

这是一个由自性发出的典型象征,预示着精神世界将从一个新的中心开始,再次组织起来,这个中心不再是自我。

就像梦中显示的这个新中心,前景是巨大的,而且伴随着宁静与祥和。

> 朱丽知道要注意她的无意识的信息,从这个梦开始,慢慢地,她的生活又重新组合,重新改变。渐渐地,她变得不再那么焦虑,不再那么散乱,她更多地关心她的内心世界。不久,她就又重拾建筑学的学习,多年以前,她因为怀孕不得不中断这一学习。这一转变允许她成为她一直想成为的人,而直到那时,由于生活环境的阻碍,她都没有那样去做。她终于做回了自己,一个完整而自主的自己。

进入自性的场所和自性所带动的自性化进程,会将能量和生活重新锁定在内部。因此,它会产生内倾的力比多,而力比多会激活无意识的其他内容,激发价值的倒转。但是,这个内倾——必然会引起矛盾的张力和“自我的受难”——必须也和世界保持着联系,因为自性化不但不排除外在现实和世界,反而还将之包含在内。①

---

① C.G.荣格:《意识之根》,第554页。

第十四章

人到中年

中午一到，太阳就开始往下走了，

上午发生的所有价值与理想都会发生翻转。[1]

荣格自问：如果把我们的生命轨迹与太阳运行轨迹相比，太阳过了正午，就从天的“顶点”往下走了，而人到中年之后，很多价值与理想也会翻转，那么，为什么没有一些伟大的学校出现，来教育四十来岁的人们如何过好明天的生活？大凡这些人在过了人生的“顶点”之后，频频会出现一些灾难性的事情，有身体层面上的，也有心理层面或者夫妻层面的。

---

① C.G.荣格：《现代心灵的问题》（*Problèmes de l' âme moderne*, Buchet/Chastel, 1976），第234页。

对立转变

即使自性从生命一开始就是在场和积极的，它也不能立刻就以一种开放的姿态发挥作用。因为，对于婴幼儿及儿童来说，这个自性最早是源自妈妈那儿。[①] 正是在妈妈那里的自性启动了精神发展，不管是在儿童期还是在成人阶段，不管是生命的第一阶段还是第二阶段。

当自我与这个外界样式相混淆，他就会果断地转过身去，背对着无意识里发生的事情，即不理睬自性中冒出来的东西，这时，自性就会强行地破门而入。于是，荣格认为，如果他或她认同了外界的这一样式——这一虚假的人格面具，这一面具是教训式的、完美母亲式的、引诱人的，等等，那么有一天，他或她就不可避免地会受到内在过程的煎熬。

荣格称这种现象为“对立转变”[②]。这一概念描述了与意识态度完全不同的一种转变，与意识相对的立场会突然出现。在无意识当中，这一相对立场是一种补偿，补偿意识当中的立场，因为意识立场过于一意孤行，牺牲了与意识不相容的东西。最著名的例子就是《圣经》当中提到的大数[③]的保罗或扫

---

① 关于这一主题，参见 B. 阿兰·杜普雷的文章《孩子一侧：自我的谱系》（*The Child' s Side*：*Genealogy of the self*），见《荣格派精神分析》（*Jungian Psychoanalysis*，Chicago and Lasalle，Illinois，2010）之公开部分。

② 出自赫拉克利特。

③ Tarse，地名，圣保罗的出生地，在今土耳其境内。按照和合本《圣经》译为“大数”。——译注

罗的皈依。[①]

> 保罗脾气粗暴且难以对付，他疯狂地围捕和攻击耶稣的门徒，对此毫不妥协。但是有一天，当他在去往大马士革的途中，突然被来自天上的光芒击中，光亮将他的四周照亮。他倒在地上，双目失明，身体僵硬，听到一个声音对他说："扫罗，你为什么要迫害我?"从那一刻起，保罗就完全转变了，成为了耶稣最为忠实的信徒之一。

以同样的方式，芭芭拉的梦也让她的生活翻转到相反的维度上(参见十二章)。那里涉及的是湿婆神的意象象征，即阿尼姆斯意象的象征，而实际上，她是被自性的意象强有力地"感染"了。它包含了原型所有最为明显的特征：饱含情感、强度激烈、伟大神圣、矛盾融合、冲动强大、极具精神，等等。面对这个突然的入侵，芭芭拉也被"击倒"了，就像《圣经》里的保罗遇到的那样。芭芭拉在那里同时失去了生活能力和判断能力，因为她还没有准备好。她必须经过数个月的个人分析，才能区别出分别对应着不同精神内容的两类意象——阿尼姆斯和自性，这两类意象给她的精神世界也带来了两种不同的发展方向。

对立转变往往在生活被一个变化强加的时候产生，特别是在"生命中期"的交替时期发生。人到中年的时候，自性试

---

① 参见《使徒行传》9:1-9。

图控制许多活动,一般来说,这也是自性化进程开始的时候。这是一个出现问题和发生变化的时候,不管我们是不是知道实际上会发生什么。这一时期,意识和无意识必须强制性地发生联系,这样才能再次达到能量平衡,才可能表现出我们人格的另一面。

就像芭芭拉和保罗碰到的情况一样,一般来说,对立转变表现给我们的就像一道晴空霹雳。这是一股无意识的强大推动力,突然闯进我们的生活,让我们张皇失措、晕头转向,它想迫使我们做出改变。在这个时候,如果无意识的信息没有被真正地理解,那这股力量采取的一些方式就有可能会带来灾害。它可能会开启一些严重的事故,或者开启一些无用的躯体化症状,比如交通事故、脑血管意外、心肌梗塞或者某种其他疾病的发作等。我们也可以说,通过这些渠道,这种动力变成了不合时宜的行为。关于这一点,我们尤其会在一些男人那里看到,当他们"感官"的享受打开之后,理智就会被减轻与削弱,他们会突然离开妻儿老小,再娶一个女人。人们习惯上称这样的人为"正午的恶魔"。

初恋

中年是我们和自己做一个了断的时候,当太阳开始"向下落"的时候,我们需要给生命做一个小结。当然,这也常常是一个不可避免的抑郁时期。实际上,我们应该抛弃永远年轻的观念,应该放弃一些迄今为止我们还一直在向往着的幻想。

常常,我们不再充满活力,而是充满着烦恼,皱纹与白发也开始显露。我们把孩子拉扯大,为孩子奉献了我们所有的精力,但是却没有施展自己的才华。我们曾有一份成就辉煌的事业,但是我们的情感生活是怎样的呢?我们回首来时路,常常带着无限的思念,看着过去的时光。我们的年轻时代一去不返了,进入了生活的另一个阶段。接受这一现实,对我们当中的大多数人来说,并不容易。

某些人会把电影反过来看,在现实中或者在幻想中寻找他们的初恋。他们会对某个他或者她有强烈的感觉,就好像直到那时,他们才第一次知道应该怎么去爱。

实际上,这时的初恋代表着某种还没有作过的选择,代表着某条路,在生活的某个时候,这条路曾经不能、不愿或不敢走,因为它是完全不同的另一个方向。这时的初恋代表着那些留在路边的东西。也就是说,它代表着我们内心处在闲置状态的一方,我们曾为了另一方面的利益而对它弃之不顾。

因此,这种初恋常常在这样的话中找到表达——“别无选择”“从未经历”。这就是为什么某些人要在现实当中寻找,并且认为只有和他或者她在一起,才有可能再次发现从来没有经历过的生活。

有时候,那个让他们感到激动无比的他或者她,只有25岁或者30岁,这些初恋对象确确实实能让他们与自己内心的某一部分产生交流,这一部分是直到那时都被他们忽视而没有发展的。但是,更为经常的是,这不过是个诱饵。因为正是在自性的内心,被这个初恋所具体表现的东西,还在沉睡着,我们需要“在我们自己”身上发展它们,而不是再一次把责任“委托”给自性之外的另一个人。

因而，当“初恋”出现在我们的梦里或者思想中时，这是向我们表明，我们生活（尤其是我们的冲动生活）当中的某些事物，需要改变。改变必然带来我们感情生活（常常也是我们的夫妻生活）的重新组织。

卡洛琳娜是商业法律专家。她处事风格两极化明显，方式很是刻板：黑/白，好/坏。自从她结婚之后，她在过夫妻生活的同时，总是有一些情人，就好像她一直在寻找什么东西，而这个东西是她的丈夫不能带给她的。但是同时，她又非常爱她的丈夫。48 岁的时候，有一天她做了一个梦：

“我和我丈夫走在一起，碰巧，我遇到了杰拉德，我的初恋情人，我在 16 岁时和他谈过一段时间恋爱，非常富有激情。再次见到他，我很激动，我冲他腼腆地笑了。跟他在一起的所有回忆突然浮现出来。我犹豫片刻，假装要摔倒，扑到了他的面前，顺手就抱住他的脖子，我对着他的耳朵说，我爱他，一直在等他。然后我恢复正常，再次温柔地拉着我丈夫的手，我们两个继续走我们的路。离开时，我还向杰拉德送去秋波，提醒他知道，我认识他。”

杰拉德是一位摄影家，是一个非常敏感的男人，一个艺术家，通过他，卡洛琳娜在梦里相遇的东西，也就是她“一直等待”的东西，是她人格的创造力部分。实际上，当她还年轻的时候，卡洛琳娜既画画也演奏大提琴，但是，她后来完全放弃了，进入高中之后就再也没有画画拉琴了。这本是她心灵中的一块土地，她任其荒废，没有再去耕耘。

这个梦对她触动很大，卡洛琳娜在诉说的时候哭了很久。一种久远的感情重新回来，她自少年时代就把这一感情幽闭了起来。她说她现在知道她不会再找情人了。尽管他们的孩子们在陆续地离开家，她还是决定从现在开始，和她的丈夫一起寻找一种成人的平衡的夫妇生活，一种真正的成熟。她之前总是在“别处”寻找的东西，实际上是她很久以前抛弃的一部分自己。她沉淀在无意识深处的感觉，通过杰拉德这个人，突然又被召唤了回来。在别人那里寻求填补缺失是一种幻觉，她体会到放弃这种幻觉是多么困难，但是，现在对她来说，最重要的事情是进入到她生命的另一个阶段，每个人都要经受这一阶段而成为一个“完整的”存在者。

这个荣格称之为生命“顶点”的阶段，是人生的一个重要阶段，它要求我们再次思考我们的存在方式、我们的生活选择和我们的价值。①

---

① 关于这一主题，参考 L.贝内德克（L.von Benedek）的《中年危机》（*La crise du milieu de vie*, Eyrolles, 2010）。

第十五章

共时性，有意义的偶合

对无意识的精神世界来说……

无意识是处在时空连续体当中的，

空间不再是空间，时间也不再是时间。①

荣格对浮士德的神话非常感兴趣，感兴趣于他以灵魂换取科学的实质权力。他将这个神话看作是一个现代人的神话。对此，他感慨万千，现代人在今天再也不可能从非理性和神秘性当中获得这种经验了。非理性与神秘性从一开始就在弗洛伊德与荣格之间造成了巨大分歧。

---

① C.G.荣格：《同步性与巴拉塞尔苏斯》（*Synchronicité et Paracelsica*, Albin Michel, 1988），第 75 页。（巴拉塞尔苏斯［？1493-1541］：瑞士医生，也是化学家、炼金术士和占星师。——译注）

时空的内与外

关于弗洛伊德和荣格见面会谈的事情,我们知道得很多了。最著名的事件是一个特别有趣又意味深长的小插曲,这反映了两人人格的气质差异。

> 那是1909年在维也纳,那时,荣格已经被认定为精神分析事业的继承者。弗洛伊德正在表达他对一些玄秘现象的反感,而荣格曾就这一主题写过一篇医学论文,因此,他显得有些烦躁。但是,他克制着不让自己有丝毫表露,也没有对弗洛伊德进行积极的回应。正当此时,一声异乎寻常的咔嚓声从弗洛伊德的书柜里发出来,就好像是书柜要倒下来,砸到他们头上。弗洛伊德停止指责,而荣格对他的感觉没有一点惊奇,他对弗洛伊德说这是一种"催化显示现象"①,而弗洛伊德则立刻予以否认,认为这没有什么意义。于是,荣格反驳,认为根据自己的看法,他预测这个声音还会不断地发出,果然这个声音随之而来,这让弗洛伊德目瞪口呆。

---

① 这是超灵学用语,指精神的意念影响着物质改变。当时,弗洛伊德对荣格使用超灵学术语解释现实现象大为吃惊。这件小事确实露出了两人日后分裂的端倪。——译注

这个从弗洛伊德书柜里发出来的咔嚓声，好像预示着弗洛伊德所建构的科学大厦的崩塌，这一科学大厦讲究纯粹的因果关系，没有给非理性留有任何余地。如果在外部不能找到一个起作用的理性原因，这个咔嚓声也好像是想表明荣格在那一时刻内心所感受到的东西。

荣格是康德的忠实读者，他很清楚地知道一件事：1756年，科学家斯威登堡对斯德哥尔摩发生的大火有许多细致的幻觉描述。

> 斯威登堡在一个离斯德哥尔摩很远的城市，他非常清楚地看到了在斯德哥尔摩爆发的火灾。焦虑万分中，他对他的随行人员讲述了这个大火的情况，一直讲到大火要烧向他本人的房子。但是当他"看到"火苗烧过三扇门之后熄灭了，马上又感到解脱了。他的幻觉在几天之后，被火灾的直接目击者证明是真实发生过的。

预测未来的事件，或者像斯威登堡的例子那样，可以远距离地说出正在发生的某事，对于这类现象，荣格认为至少我们暂时性地，应该假设有一种有意义的偶合在起作用。或者说，有一些事物"既可在意义范围内理解，又无法说清其缘由"①。

"共时性，首先表示着某种精神状态与一个或者几个外部

---

① C.G.荣格：《同步性与巴拉塞尔苏斯》，第269页。

事件同时发生。这些事件表现出的意义成分与主体当时的状态相一致,并且可能反之亦然。”①

摔跤之后,J先生突然去世了,完全出乎意料。他之前也没有什么疾病。他是贝亚特丽丝的邻居。贝亚特丽丝很欣赏这个男人,在她眼里,他有男人的很多优点,尽管他们并没有什么深入的交往,也谈不上有很融洽的邻里关系。她并不知道,他在送去医院后不久就死了,而且随后就被送到离巴黎很远的地方,那里是他的出生地,他在那里被埋葬了。她不可能再见到J先生,也不能对他说永别。她也不会去参加他的葬礼。为此,她非常烦闷。

J先生去世后的几天,贝亚特丽丝忙着收拾房间。突然有一天,她听到一阵奇怪的快速敲门声:“笃笃笃”。她很奇怪,但是走到门口……并没有人。但是,她确信有人敲门了,而且还敲得很有力。她回到房间,又一次听到“笃笃笃”……这次,她看到一只鲜艳的小鸟,可能是只蜂鸟,在她的窗户前盘旋,有力地连续拍打着窗玻璃,好像是想进来。贝亚特丽丝感到有些害怕,有些慌张。在这里住了三十年,第一次碰到这种事情发生。虽然在这个绿树葱翠的地方,出现鸟儿并不少见,但是一只像这样的鸟,她还

① 同前注。

从来没有见过。于是她意识到正是那一天的那个时刻，她的邻居在600公里之外下葬了。后来，这只鸟消失了，再也没有回来。

世界即一

共时性的观点假设世界是统一的，物质与精神是合而为一的。

荣格感兴趣于道家关于无的经验的论著，《金花的奥秘》是他的汉学家朋友卫礼贤寄给他的。从这本书当中，荣格理解了他在直面无意识的那段日子里的亲身体验，也明白了这段经历的意义。随后，荣格又研究了《易经》，这是一本讨论变化的书。[①] 荣格为《易经》的德文和英文版都作过序。此书让荣格以另外一种"非因果"的方式理解事情与世界，而这种非因果论，在西方还未见论著。

此外，在爱因斯坦住在苏黎世的那些年间，他常常规律性地造访荣格，两人没完没了地讨论着科学与心理学的话题。荣格请他解释相对论，对此兴趣浓厚；作为交换，爱因斯坦也尝试着学些心理学。[②]后来他又与诺贝尔物理学奖获得者沃尔夫冈・泡利进行交往，后者向他介绍了量子物理

① 参见本书作者序言及注释。
② C.G.荣格：《关于分析心理学的基础，塔维斯托克会议》，第98页。

学;荣格则分析他的梦①,之后,两人又维持了长时间的通信②。

荣格认为世界是由原型构成的,它是空的表现形式,并且能产生出象征符号与意义。荣格认为这个世界超越了由空间、时间和因果构成的三维属性,在这个世界里,所有的东西都完全毗邻与共时。

“人的统一……意味着……产生与世界相统一的可能性,当然不是与我们所看到的这个世界,而是与一个潜在的世界。这一潜在世界是所有经验存在的永恒基础。这完全就像自性是人格的基础一样,自性是人格的原初来源,自性在过去、现在与未来中理解着人格。”③

“我们可以(认为)……在某种情况下,偶然可能表现出一种伪意图的特点……它可以‘创造’一些有意义的秩序,以至于它们的发生好像全都是有一个因果意图在起着作用。这就是我所理解的共时性。”④

共时性事件归因于原型的交汇。荣格运用对于光学的理解,认为这种交汇决定了某些精神的“或然性”。因此,这类事件并不可以被预见,因为它涉及到一些在时间中的创造行

---

① C.G.荣格:《心理学与炼金术》(*Psychologie et alchimie*, Buchet/Chastel, 2004)。

② W.泡利(W.Pauli)与C.G.荣格:《通信录,1932-1958》(*Correspondance 1932-1958*, Albin Michel, 2000)。

③ C.G.荣格:《夫妇的秘密》,卷2,VI,9。

④ C.G.荣格:《同步性与巴拉塞尔苏斯》,第284页。

为,即一些无规律的唯一行为。[1]对此,我们必须清楚,它们就是那样,它们并不是什么魔法,但也不要以具有局限性的理性为借口而拒绝去听闻它们。

---

① 关于这一主题,可参见 M.-L. 冯·弗朗茨(M.-L. von Franz):《预测心理学》(*La psychologie de la divination*, Albin Michel, 1995)。

结　论

自然遗留不足，艺术将之完善。[1]

1955 年 2 月 14 日，美国《时代》周刊杂志在封面上刊登了荣格的照片，标题是《心灵的探索——挑战弗洛伊德》[2]。在这一期杂志中，在“医学”栏目下，发表了一篇题为《智慧老人》的长文，这是献给荣格的，文章清楚地解释了荣格的无意识概念和他的分析心理学方法的一些关键点。

从那一刻起，在大西洋彼岸，在所有英语国家，荣格变成了一个家喻户晓的人物，成为 20 世纪最重要最有影响力的人物之一。实际上，从上个世纪开始，在盎格鲁-萨克逊世界，荣格一直都拥有众多听众。荣格在伦敦发表过数次演讲，这其中就包括在著名的在塔维斯托克临床机构的演讲[3]。在美国

① 炼金术格言：*Quod Natura relinquit imperfectum, Ars perficit*。

② 原英文标题：*Exploring the soul-A challenge to Freud*。

③ C.G.荣格：《关于分析心理学的基础，塔维斯托克会议》。

的许多著名大学，荣格亦有演讲，这其中有哈佛、耶鲁和马萨诸塞州的克拉克大学，该大学在1909年还授予他名誉博士的称号，这与其授予弗洛伊德的一样。①

荣格的观点和概念不仅在心理学界内人人知晓，而且在心理学之外的许多学科领域也非常流行，比如社会学、宗教学、比较神话学、法学②；它们在艺术领域同样广泛流行，比如舞蹈、音乐、电影、文学、绘画等。

创造的迸发、心灵的修复

荣格认为，作为人，涉及人类的东西没有什么应该被漠视。在这之中，他对现代艺术尤其具有“激情”③。我们已经看到，他在著述之初，就把注意力放到了无意识的创造性方面，并赋予创造力的迸发以意义，他认为创造的迸发是从心灵当中发出的，同时也是对心灵的修复。

这个创造力迸发的表述是其著作《红书》所重点表达的内

① 荣格和弗洛伊德当时是一道访问克拉克大学的，但是他们并不是一起被邀请的，邀请的理由也不一样。

② 他的联想测验在犯罪学上被运用，用来对证据进行心理学的判断和对谎言进行测定。

③ C.G.荣格：《通信录：1958-1961》（*Correspondance 1958-1961*，Albin Michel，1996），1960年9月2日给罗伯特·里德的信。（罗伯特·里德［Robert Read，1893-1968］：英国诗人和美学家，曾任英国美学学会主席。——译注。）

容。这本著作耗时数年,以一种威廉·布莱克[①]的方式写成。荣格以哥特字体印刷了这本书,在书里加载了许多精彩的插画,描述了他的梦,以及他和无意识人物的对话。当然,对他自己来说,这本书也涉及他与病人之间的治疗工作,他将工作当中的真情实感和内心经历以某种形式表达出来。[②]或者更概括地说,发展创造性,进行新的创造,自一开始,就是荣格著作的最初原因,因而,也深植在他的著作当中。

荣格除了自己一直写作一些图文并茂的著作之外,还对诗歌有特殊兴趣。关于当时两大领域的两位先驱人物,他写了很多评论文章——文学领域的乔伊斯和绘画领域的毕加索。[③] 他认为这些艺术家的表现方式既是他们个人天赋的表达,也是当时世界氛围的表达[④],不管他们自己承认与否,他们的无意识都善于抓住这一点。自 1930 年开始的那个时期,是阴暗的、躁动的、近乎灾难性的,荣格能够分辨出这一时代的情况与精神分裂症有着明显的相似。

荣格认为创造的进程就是往人类灵魂深处潜行,而不是偏离其目标的性冲动“升华”。荣格认为,这个进程是一个自

① 威廉·布莱克(William Blake,1757–1827):英国第一位重要的浪漫主义诗人、版画家,英国文学史上最重要的伟大诗人之一。主要诗作有诗集《纯真之歌》《经验之歌》等。早期作品简洁明快,中后期作品趋向玄妙深沉,充满神秘色彩。他一生中与妻子相依为命,以绘画和雕版的酬劳过着简单平静的创作生活。后来诗人叶芝等人重编了他的诗集,人们才惊讶于他的虔诚与深刻。他的书信和笔记的陆续发表,其神启式的伟大画作也逐渐被世人所知。——译注

② 荣格坚持这样的观点,从自己内心发出的东西是艺术的。关于这一主题,参见《荣格自传》。

③ 参见荣格:《现代心灵的问题》。

④ 德语的 Weltanschauung 指的是“世界观”。

然的过程,但是,当一些意象从我们命名的"集体无意识",即人类的遗产当中突冒出来时,这一进程也是充满斗争与对质的。

荣格认为分析工作就是要沉浸于无意识当中,从中抽取隐藏的宝藏,因此,荣格派的实践工作非常注重创造进程,即荣格在自己的生活中用来发现自己内心经历的方式。这也是为什么许多艺术家都被荣格那深奥而复杂的著作触动并从中获得了灵感的原因。他们从中发现对自己起作用的真正进程,他们不去管在创造时要避免什么,相反,他们直面那些有力的既具创造性又具毁灭性的力量。也正因如此,许许多多的艺术家通过荣格的著作理解了他们自己的奋斗,理解了他们与被激发出来的意象的关系。①

荣格强调梦与无意识创造力的重要性,启发了无数有才华的艺术家,从舞蹈设计者玛莎·葛兰姆一直到电影导演费德尼科·费里尼,中间还包括画家杰克逊·波洛克和作家豪尔赫·路易斯·博尔赫斯。

---

① 我们列举一些最著名的艺术家:电影导演英格玛·伯格曼和玛格雷特·冯·特洛塔,作家赫尔曼·黑塞、托马斯·曼、尤金·奥尼尔、多丽丝·莱辛,哲学家加斯东·巴什拉,画家埃热尔(丁丁之父),艺术家梅拉·奥本海姆(她也是作家、画家和造型艺术家),诗人、小说家和剧作家雷内·德·奥贝迪亚,歌唱家格雷亚姆·奥怀特,喜剧演员凯瑟琳·塔斯特和夏洛特·兰普林……这个名单可以列得很长,从荣格那里受益的创造者人群和他们对荣格的兴趣给人的印象都是深刻的。

不可知之物，富饶之源

由于敢于将“规范与无理、秩序与诗歌”融入自己的思考，荣格自己也创作了大量的原创作品，作为科学著作，它们向无理性、未知和不可认识之物敞开了胸怀。

这位心灵的医生，终其一生，都是从集体无意识中汲取思想。他认为莱纳·马利亚·里尔克和他一样，也在其自己内心的同样源泉中汲取：“实际上，作为诗人和梦想家的他，和作为心理学家的我，我们使用的都是同样的经验方法。”[①]那么，我们为什么不让这位诗人来进行总结呢……

“艺术是……最宽广最宏大的爱。它是爱之神。艺术无权在个体面前停止不前，个体是其生存之门。艺术要跨越此门。艺术要不知疲倦，艺术要努力工作，要在所有即一的地方工作，要为实现众相即一相而工作。艺术要为这个一相献身，一旦如此，在众相面前就会出现无垠的富饶之景。”[②]

里尔克对创造、对艺术的精神维度，对自性的表述，饱含赞誉，难道还有什么比这更好的评价吗？而这里的自性不也正是荣格所定义的吗？这两个人可能在现实生活中从来没有见过面，但是我们可以说他们的工作是完全一致的。

---

① C.G.荣格：《通信录：1955－1957》（*Correspondance 1955－1957*，Albin Michel，1995），给艾伦·格尔格里（Ellen gregori）的信，第216页。

② 莱纳·M.里尔克（Rainer M.Rilke）：《关于物之旋律的笔记》（*Notizen zur Melodie der Dinge－Notes sur la mélodie des choses*，Allia，双语版，2008），第15页。

而且,我们还应该看到,荣格被称为“智慧老人”,而里尔克被称为“年轻诗人”,他们两人都是从“同一源泉”中汲取思想,这个源泉就是原型世界,原型世界身心合一,丰盈无限。

实际上也正是在原型世界,两者才能够相遇。荣格带领我们去理解的也正是这个原型世界。理解原型世界,我们才能让创造性绽放,才能让自己表现为一个统一的存在体。

术语表

阿尼玛(Anima):男人的女性,即他的无意识部分,对其男性部分的弥补。

阿尼姆斯(Animus):女人的男性,即她的无意识部分,对其女性部分的弥补。

原型(Archétypes):心理表象的本能形式,它们是所有普遍意象(诸如神人、智慧老人、伟大母亲等)的滥觞。原型构成了集体无意识。

意识(Conscient):意识是随着个体的精神世界发展,从无意识里提取出来的东西。

情结(Complexes):蕴含着许多情感的精神块垒,它们在无意识中自主地生活,制约着精神发展,干扰着意识生活。

对立转变(Énantiodromie):转变为自身反面的场景,确切地说,就是指在无意识当中与意识相对的场景突然出现在意识里。

能量(Énergie):对荣格来说,这就是**力比多**的同义词。

意象(Images):意象是无意识创造力的表现,是在梦、幻想和想象中汲取力比多的形式。

积极想象(Imagination active):与无意识对话的方式。因某种情感的促发而任由意象出现的方式。它任由意象激发一些体验,就像它们是体验者所遭遇的真实事件。

无意识(Inconscient):无意识是个体的潜在世界,是个体的陌生世界,它逃避意识的控制。在个体不知道的情况下,无意识影响着他的生活、情感、行为,常常决定着人的行事。

集体无意识(Inconscient collectif):无意识深处的原始层面,由原型构成,与身体和本能关系密切。

自性化[过程](Individuation[processus de]):内在的自然转变过程。通过自性化,人们才成为"个体",即一个自立和"全面"的存在者。

任其出现(Laisser advenir):来自德语词 Geschehenlassen,其意义在于强调无意识内容的突现,这并不是指凭空遐想,而是具有这样的目的:与意识对质,并且与意识相整合。

力比多(Libido):生命过程中表现出来的能量。它可以和生命的所有部分交流,诸如饥饿、宗教、权力、性欲等。

中年(Milieu de vie):四十至五十多岁时经常出现危机,这是人生的重要阶段,它促使个体询问其真实的憧憬,促使个体凭借自性而不是自我来重新组织他的生活。

自我(Moi):自我是意识的中心。它是我们意识与无意识内容的交叉口。

圣灵存在(Numineux):这个概念与原型很靠近。它表示着震惊,即神圣的事物,通过原型意象,突然闯进个体的生活当中,从而引发一种消极的服从,它可以是迷人的,也可以唤起厌恶。

黑暗(Ombre):它是我们人格中还没有被认识的一些方面,我们无法接受它们,因为它们与那些理想的我们愿意拥有的意象相矛盾。

人格面具(Persona):个体为了适应他的环境,在生活中可以扮演各种角色,其总体即称为人格面具。它起到保护个体的作用,但也将个体与他自己的一部分割离开来。

投射(Projection):这是一个机制,通过它,个体将无意识内容归结给别人,从而将之表露出来。

自性(Soi):整体人格原型的核心,既是有意识的也有无意识的,它既有属于自我的部分,也有反对自我的部分。它表示着所有矛盾面的潜在统一。

象征(Symbole):捕获原型的形式,其目的也是为了表现原型。它表现那些不可说的东西,因为那些东西对我们来说还是陌生的。

共时性(Synchronicité):给定的精神状态与某个或某些外部事件同时发生,但没有明显的因果关系。

单向化(Unilatéralité):指在单一方向上的发展。意识单向发展是危险的,因为它会让个体处在高强度的张力中,能量处于失衡状态。这是由于无意识中的内容被忽视所引发的。

参考文献

A. Agnel *et al.*,

Dicionnaire Jung, Paris, Ellipses, 2008.

Le vocabulaire de Jung, Ellipses, 2005.

A. Agnel,

Jung, la passion de l' autre, Les Essentiels Milan, 2004.

L' homme au tablier–Le jeu des contraires dans les films de Ford, La part commune, 2002.

B. Allain-Dupré,

L' écrivain et la navette spatiale in *Cahiers jungiens de psychanalyse*, n°132, décembre 2010.

The Child' s Side: Genealogy of the Self, in *Jungian Psychoanalysis*, Chicago and Lasalle, Illinois, Open Court, 2010.

L. Aurigemma, *Perspectives jungiennes*, Albin Michel, 1992.

D. Bair, *Jung*, Flammarion, 2007.

H. Béji, *Islam pride, derrière le voile*, Gallimard, 2011.

L. von Benedek, *La crise du milieu de vie*, Eyrolles, 2010.

M. Cazenave,

Jung, l' expérience intérieure, Éditions du Rocher, 1997.

La synchronicité l'âme et la science, Albin Michel, 1994.

Sciences et conscience, les deux lectures de l'univers, Stock, 1980.

M.-L. Colonna, *L'aventure du couple aujourd'hui*, Dervy, 2007.

D. Ducret, *Femmes de dictateurs*, Perrin, 2010.

M.-L. von Franz, *La psychologie de la divination*, Albin Michel, 1995.

S. Freud, *Sur l'étiologie de l'hystérie*, in *Œuvres complètes III, 1894–1899*, Paris, PUF, 1989.

S. Freud J. Breuer, *Études sur l'hystérie*, Paris, PUF, 1975.

S. Freud, C.G. Jung, *Correspondance*, vol. 1, p. 271.

C. Gaillard, *Jung*, PUF, Que sais-je?, 1995.

É.G. Humbert,

Jung, Hachette littératures, 2004.

Écrits sur Jung, Paris, Retz, 1993.

L'homme aux prises avec l'inconscient, Albin Michel, 1994.

L'homme aux prises avec l'inconscient, Retz, 1992.

in André Virel, *Vocabulaire des psychothérapies*, Fayard, 1977.

P. Janet, *L'évolution psychologique de la personnalité*, compte rendu des conférences faites en 1929 au Collège de France, nouvelle édition, 1984.

C.G. Jung,

Le Livre Rouge, La Compagnie du Livre Rouge, à paraître 2011.

Sur les fondements de la psychologie analytique, *Les conférences Tavistock*, Albin Michel, 2011, traduction française par Cyrille Bonamy et Viviane Thibaudier.

Ma vie. Souvenirs, rêves et pensées, Gallimard, NRF, 2005.

Psychologie et alchimie, Buchet/Chastel, 2004.

Psychogénèse des maladies mentales, Albin Michel, 2001.

Le divin dans l' homme, *Lettres sur les religions*, Albin Michel,1999.

Psychologie et éducation, Buchet/Chastel, 1996.

Commentaire sur le mystère de la Fleur d' Or, Albin Michel, 1979

Correspondance 1958-1961 , Albin Michel, 1996.

Les racines de la conscience, Buchet/Chastel, 1995.

Correspondance 1955-1957, Albin Michel, 1995,

Correspondance 1941-1949, Albin Michel, 1993.

L' âme et le soi, Albin Michel, 1990.

L' homme à la découverte de son âme, Albin Michel, 1989.

Mysterium conjunctionis, tome 2, Albin Michel, 1989.

Synchronicité et Paracelsica, Albin Michel, 1988.

La guérison psychologique, Georg, I 987.

Dialectique du moi et de l' inconscient, Gallimard, 1986.

The Zofingia Lectures, Princeton, Bollingen series XX, 1983.

Aïon, Albin Michel, 1983.

Mysterium conjunctionis, tome 1, Albin Michel, 1980.

Psychologie du transfert, Albin Michel, 1980.

Réponse à Job, Buchet/Chastel, 1977.

Problèmes de l' âme moderne, Buchet/Chastel, 1976.

Études sur les associations de mots, in *Collected Works*,
vol. 2, Princeton University Press, 1973.

Psychologie et pathologie des phénomènes dits occultes,
in *L' énergétique psychique*, Georg, 1973.

Métamorphoses de l' âme et ses symboles, Georg, 1972.

Les racines de la conscience, Buchet/Chastel, 1971.

Les types psychologiques, Georg, 1968.

L' homme et ses symboles, Robert Laffont, 1964.

J. Kerr, *A most dangerous method*, *The story of Jung*, *Freud and Sabina Spielrein*, Alfred A. Knopf, 1993.

Lao-tseu, *Tao tö king*, Gallimard, 1971.

C. Maillard, *Les sept sermons aux morts de Carl Gustav Jung*, Presses universitaires de Nancy, 2004.

J. Natanson, *Freud et les images* in *Imaginaire & Inconscient*, 2002/1, n°5.

Les actes des apôtres, 9/1–9, in la Bible de Jérusalem.

W. Pauli/C.G.Jung, *Correspondance* 1932–1958, Albin Michel, 2000.

F. Pessoa, *Le Pèlerin*, La Différence, 2010.

M. Porot, *L' enfant de remplacement*, Éditions Frison-Roche, 1993 ou E. Posnanski, *The "replacement child" : a saga of unresolved parental grief*, in *Journal of developmental and behaviorial pediatrics*, 81, 6, p. 1190– 1193.

Rainer M. Rilke, *Notizen zur Melodie der Dinge-Notes sur la mélodie des choses*, Allia, édition bilingue, 2008.

D.T. Suzuki, *Introduction au bouddhisme zen*, Buchet/Chastel, 1996.

J. Vieljeux, *Jung*, *catalogue chronologique des écrits*, Cahiers jungiens de psychanalyse, 2004.